法政大学比較経済研究所 研究シリーズ33

公共経済学と政治的要因
―― 経済政策・制度の評価と設計

法政大学比較経済研究所／篠原隆介【編】

日本評論社

はじめに

　本研究書は、法政大学比較経済研究所において2015年度から2018年度に実施された研究プロジェクト「政治経済学的要因を考慮に入れた経済政策分析と経済制度設計：理論と実証」の研究成果をもとに作成された。本書の目的は、政府の活動を広く一般に考察し、その成果を評価する公共経済分析において、政治的な要因を考慮に入れた分析を紹介することである。幅広い視野による分析を提示することを目的とし、ゲーム理論による基礎理論、ミクロ経済学・マクロ経済学の分析手法による応用理論分析、計量経済学の手法による分析の３つのアプローチにより構成される。

　日本は、現在、多額の財政赤字に直面する中で、急速な少子高齢化対策や度重なる自然災害からの復旧など、多くの困難な問題に直面し、これら問題への対応のため、政府の活動は多岐に渡り、その役割が日に日に増してきている。このような背景のもと、「限られた資源をいかに有効に使うか」という視点は、これまで以上に重要となっているが、これは、経済学の根幹をなす大きな問いでもある。経済学では、「希少資源の望ましい配分とは何か」という資源配分の規範的観点、「望ましい資源配分は、どのような経済政策と経済制度によって遂行可能か」という資源配分の遂行可能性の観点の両面について、数多くの研究成果が蓄積されている。政府の意思決定の分析や、経済政策・制度の設計においても、これら２つの観点は重要であり、政府の意思決定過程を踏まえた上で、現行の経済政策および経済制度の成果を評価し、より良い社会状態を実現する経済政策・制度の設計可能性について、考察が重ねられている。本書では、この流れに沿い、政府の意思決定に関するモデルの提示と分析、および、近年注目を集める経済政策の成果の検証について、重要な話題を提供することを試みる。

　「政府とは、どのような主体で、どのように意思決定を行うのか」については、経済学には、概ね、異なる２つのアプローチが存在する。伝統的に

は、政府は、その国の経済厚生を高める単一の主体とするアプローチが存在する一方、政府を、多様なインセンティブを持つ政治家や官僚などの主体が相互作用する場と考え、政府の意思決定を、これらの相互作用の帰結としてとらえる公共選択論や政治経済学によるアプローチも存在する。後者については、国民が選挙で国会議員を選出し、政治的な意思決定を委託する点を考慮すれば、国民がどのようなインセンティブを持つのか、という点も、政府の意思決定に無関係ではない。後者の分析では、さまざまなインセンティブを持つ主体間の相互作用を解き明かすためのツールとして、ゲーム理論の活用は、大きく期待されるところである。本書では、政治経済分析への応用が期待されるプレイヤーたちの提携行動を考慮に入れた非協力ゲームモデルを、第1章および第2章において紹介する。また、第3章では、政治プロセスを考慮した分析を提示し、選挙による代表者選出に関して、戦略的な投票インセンティブを持つ有権者の投票行動が、公共財供給に与える影響を明らかにする。

　さらに、本書では、現代経済社会で関心の高い論点に集中し、現行の経済政策を分析する。情報技術が高度に発展する現代社会において、プライバシー保護やデータ漏洩に対する規制のあり方を検討することは、重要な政策課題となりつつある。第4章において、この問題を考察する。第5章では、今日、わが国において問題となっている財政赤字の問題を、近視眼的政府の課税平準化の観点から、考察する。第6章では、わが国を含め、多くの先進諸国が直面する人口高齢化現象が、政府の財政支出に与える影響について考察する。中央政府と地方政府の役割分担を検討する地方分権化の議論において、中央政府から地方政府への税源移譲は、焦点の1つであるが、その議論の中で関心を集める地方交付税のリスク・シェアリング機能については、第7章において、分析が提示される。第8章では、アベノミクス期における経済政策が、失業率の緩和にどの程度寄与したのか、について分析が展開される。

　本書は、3つの部分で構成される。各部とそれに含まれる各章の詳細を、以下に記す。

第Ⅰ部では、政治経済分析への応用が期待される提携形成の可能性を考慮に入れた非協力ゲーム理論分析を紹介する。

　第1章では、コアリション・プルーフ・ナッシュ均衡理論に関する研究の発展について展望する。コアリション・プルーフ・ナッシュ均衡は、Bernheim et al. (1987) によって導入されて以来、多くの研究者によってその特徴が明らかにされ、経済分析に応用されてきた。通常、非協力ゲーム理論分析では、単独のプレイヤーによる離脱に対して頑健なナッシュ均衡が用いられることが多いが、コアリション・プルーフ・ナッシュ均衡は、単独プレイヤーの離脱のみではなく、複数プレイヤーによる提携（グループ）離脱に対しても頑健である。選挙において同一の政党を支持する者同士の票の調整や議会内における議員間の合議や調整は、複数プレイヤーによる提携行動としてとらえることができるため、本均衡は政治経済分析においても有用であろう。コアリション・プルーフ・ナッシュ均衡の純粋理論的な研究成果は、戦略的補完性または戦略的代替性を満たすゲームにおけるものが多いため、これらの研究成果を中心として、導入から現在にいたるまでの主要な研究成果を概観し、政治経済分析への応用に対し道筋をつける。

　第2章では、「離脱制限をともなう提携均衡」という新たな概念を提示する。この概念は、前章のコアリション・プルーフ・ナッシュ均衡や強ナッシュ均衡（Aumann, 1959）などのさまざまな提携均衡を包括するため、今後、政治経済分析に応用することも期待できるであろう。本章では、戦略代替性および単調外部性を満たす戦略形ゲームに集中し、離脱制限をともなう提携均衡が、ナッシュ均衡による分析を精緻化するか否か、について考察する。この戦略形ゲームでは、コアリション・プルーフ・ナッシュ均衡集合とナッシュ均衡集合が一致することが、Quartieri and Shinohara (2015) によって示されている。そのため、ナッシュ均衡分析の精緻化のためには、新たな均衡概念を導入する必要があるが、上記の新たな概念を導入したとしても、ナッシュ均衡分析を厳密な意味で精緻化することは非常に難しいという結論を得る。

　第Ⅱ部では、ミクロ経済学およびマクロ経済学の手法を用いた応用理論分析の成果を紹介する。

第3章は、代表民主制における公共財供給を射程にとらえた研究である。本章では、複数の地域に便益が及ぶ公共財が、その供給地域と受益地域の自発的な交渉により、供給される状況を考察する。本章の重要な想定は、地域間交渉が、投票により選出された各地域の代表者によって行われることである。この想定のもとでは、誰が代表者になるかに依存して交渉の帰結が異なるため、各地域には、代表者を戦略的に選出し、その地域にとって有利になるような交渉結果を得るインセンティブが存在する。このインセンティブが交渉の帰結を歪めることは、すでに多くの研究で明らかにされ、「戦略的委託問題」として知られている。本章では、戦略的な委託問題に直面した場合に、交渉により発生する経済余剰が、各地域にどのように分配されるのかについて検証する。主要な結果は、①交渉により発生する余剰は、特定地域に偏って分配される可能性があるため、交渉に参加することによって、すべての地域が経済厚生を改善するとは限らないこと、②すべての地域の経済厚生が、交渉によって、改善するか否かは、公共財のスピルオーバーの程度と地域の人口に依存することである。これらの結果により、交渉の実施が、経済全体に便益をもたらす場合であっても、戦略的委託インセンティブが、交渉実施の阻害要因になりうることが、示される。

　第4章では、ミクロ経済理論モデルを用いて、データを取り扱う産業に対して多大な影響を与えるEU一般データ規則（GDPR）の競争政策上の効果について分析する。近年の情報技術の発展により、膨大なデータを取得し活用するビジネスモデルが広く展開され、注目を浴びている。その一方で、プライバシー保護やデータ漏洩の問題に対する規制のあり方も、喫緊の課題として対応を迫られている。この問題への政策的な対応として、GDPRは注目を集めており、本章では、その有効性について、「データの可搬性」と「個人データの移転」の見地から、検討する。本章で得られた結論は、以下のとおりである。GDPRによりデータの可搬性が保証された場合、既存企業から類似サービスへの切り替えを困難にしていたスイッチングコストが減少し、既存企業の利潤は減少し、新規参入企業の利潤が増加することが示される。その一方、既存企業が利用できるデータ総量が減少することで、社会厚生上好ましくない効果をもたらす可能性が示された。次にGDPRの個人データの移転に関する規制について、個人データの保護水準が十分でない国

の企業が、データを活用できなくなることにより社会厚生が減少することが観察される。また、各企業が個人データ保護水準を引き上げない可能性も同時に示唆されている。

　第5章では、課税平準化理論のモデルを用い、近視眼的な政府が行う選択について分析する。政府の選好は将来の厚生に関する割引因子によって表現し、家計よりも低い割引因子を持つ、すなわち将来の厚生をより大きく割り引く政府を近視眼的政府と呼ぶ。他方、家計と同水準の割引因子を持つ政府を慈愛的政府と呼び、近視眼的政府の選択を特徴づけるための比較対象としている。分析の結果、慈愛的政府が選択する税率は概ね異時点間で平準化されるのに対して、近視眼的政府の場合は低めの税率から出発し、徐々に引き上げられていく様子が明らかになる。また、将来時点で政府支出が増加することが分かっている場合、慈愛的政府は当初からプライマリー・バランスを黒字にして基金を積み上げるのに対して、近視眼的政府は直前までそのような選択を行わないため、将来時点での負担がより重くなることが明らかとなる。

　第6章では、日本に限らず多くの先進諸国において共通の問題となっている高齢化が、財政政策とりわけ政府支出拡大の効果の大きさに与える影響について分析する。通常、政府支出乗数を分析する際は、DSGE（Dynamic Stochastic General Equilibrium）モデルやベクトル自己回帰（Vector Autoregression）モデルが用いられるが、本章のアプローチの大きな特徴は、老年期までの生存が確率的に決定する Blanchard (1985) タイプの世代重複モデルを用いて、生産力効果を持つ政府支出が総生産や各世代の消費に与える影響を解明することにある。本章では、比較静学および比較動学の両面から、次の知見を得る。まず、比較静学では、高齢化が進行しても、総生産に関する政府支出乗数は変わらないが、各世代の消費に与える影響は異なる。具体的には、高齢化が進展することによって、各世代の消費に関する乗数の絶対値が小さくなることが明らかとなる。次に、比較動学の結果については、高齢化が進展することにより、若年期の消費に関する乗数の絶対値は小さくなる一方、貯蓄および老年期の消費に関する乗数の絶対値は大きくなるなど、異時点間の財の配分に与える影響が及ぶことが、解明される。

最後に、第Ⅲ部として、計量経済学の手法を用いた、経済政策および経済制度の評価分析を紹介する。
　第7章では、地方交付税のリスク・シェアリング機能や歳出平準化要因の実態を明らかにする。近年のわが国の地方分権改革では、自治体の財政面における自己決定・自己責任を拡充するため、所得税から個人住民税への税源移譲等、地方税の充実確保が進められている。こうしたなか、地方交付税は、一時的な地域固有の税収変動に対して歳出を平準化させる「リスク・シェアリング」の役割を担うことが期待されている。本章では、都道府県の決算統計（1972-2015年度）を利用し、自治体の税収変動に対して地方交付税などが経常的経費の平準化にどの程度寄与しているのか、を検証する。検証の結果から、いずれの時期も、自治体は税収ショックに直面するとき、主に地方交付税や地方債発行などによって経常的経費の平準化を達成できていることが明らかとなる。このうち、1970-80年代はとくに税収減少局面ほど積極的な地方債発行を行って経常的経費の平準化を達成しており、地方交付税による平準化の寄与は相対的に小さいものであった。これに対して、近年は地方債に代わり、地方交付税による（直接的な）地域間リスク・シェアリングの役割が高まっている、との結論を得る。
　第8章では、いわゆる「アベノミクス」における「第一の矢（大胆な金融政策）」と「第二の矢（機動的な財政政策）」を、金融政策と財政政策のポリシー・ミックスととらえ、その失業に与える影響をマクロおよび地域データを用いて検証する。まず、アベノミクス期以降、循環的失業率・構造的失業率とも改善傾向が強まっていることを明らかにする。次に、ベクトル自己回帰分析の結果から、アベノミクスによる金融・財政政策は一国全体の循環的失業率を改善するとの結果を得る。地域別に効果を比較した場合、大都市圏では循環的失業率を有意に低下させる効果が見られた時期もあるものの、地方圏についてはそうではないことが示される。もっとも、失業率の低下効果は1年程度にとどまっており、かつせいぜいで1％である。本章の結果は、金融政策および財政政策のポリシー・ミックスによって失業を改善するとしても、その効果を過大に期待すべきではないことを示唆するものである。

　本書は、数多くの皆様のご支援により、出版することが可能となった。ま

ず、本プロジェクトにご参加いただき、本書の執筆にご尽力いただきましたプロジェクトメンバーの皆様には、この場を借りて厚くお礼を申し上げたい。比較経済研究所の性格上、理論経済分析および計量経済分析の両面から、バランスよく研究成果を得ることは不可欠であったが、本書において、さまざまな研究手法による研究成果を報告することができたのは、法政大学外メンバーの皆様のご尽力によるところが大きいことは、言うまでもない。また、比較経済研究所所長、専任所員、スタッフの皆様にも、さまざまなご支援をいただき、プロジェクトを進めることができた。とくに、歴代所長の胥鵬先生と近藤章夫先生、現所長の西澤栄一郎先生、歴代スタッフである関口直樹氏、白坂菜々子氏、竹内奈津美氏、中村直子氏からは、さまざまなご支援をいただいた。本書の編集作業に関しては、日本評論社の高橋耕氏、岩元恵美氏から、多大なるお力添えをいただいた。最後に、本プロジェクトとは直接的には関係のないものの、プロジェクト実施期間中に、松島法明先生（大阪大学）およびFederico Quartieri先生（フィレンツェ大学）と共同研究を実施し、刺激的な議論を行うことができた。このことも、本プロジェクトに少なからず良い影響を与えているものと思われる。ここに深く感謝申し上げたい。

2019年3月

篠原　隆介

目　次

はじめに　*i*

第I部　基礎理論

第1章　　　　　　　　　　　　　　　　　　　　法政大学経済学部 篠原隆介
コアリション・プルーフ・ナッシュ均衡理論
──戦略的補完・代替ゲームへの応用に関する展望 ……………… *3*

1. はじめに　*3*
2. 基本モデル　*5*
3. 一般ゲームにおける研究　*12*
   3.1　強パレート精緻化ナッシュ均衡との一致性：嚆矢的研究　*12*
   3.2　逐次無支配戦略を用いた特徴づけ　*13*
4. 戦略的補完および戦略的代替ゲームにおける研究　*18*
   4.1　戦略的補完ゲーム　*19*
   4.2　戦略的代替ゲーム　*22*
5. 提携離脱の利得改善とコアリション・プルーフ・ナッシュ均衡
　　　　　　　　　　　　　　　　　　　　　　　　　　　　　28
6. 結　語　*32*

第2章
法政大学経済学部 篠原隆介

戦略的代替ゲームにおける提携均衡
―― 提携離脱の自己拘束性と不可逆性について ……… 37

1. はじめに　37
2. 準　備　40
   2.1　σ-相互作用ゲームの戦略的代替性と単調外部性　40
   2.2　コアリション・プルーフ・ナッシュ均衡の先行結果　41
   2.3　離脱制限付きの提携均衡　43
3. 分析結果　47
   3.1　提携均衡とナッシュ安定性　48
   3.2　提携均衡と不可逆性　49
4. 結　語　51
   補遺：各結果の証明　51

第Ⅱ部　応用理論分析

第3章
法政大学経済学部 篠原隆介

自発的な代表者交渉と公共財供給
―― 戦略的委託と少数派および多数派の経済厚生 ……… 59

1. はじめに　59
2. 関連文献レビュー　62
3. モデル　63
4. Shinohara（2018）の分析結果：概要　65
   4.1　ベンチマークケース：公共財の効率供給　66
5. 各地域の経済厚生と交渉　69
   5.1　ベンチマークケース　69
   5.2　地域Aが交渉から得る利益　70
   5.3　地域Bが交渉から得る利益　72
   5.4　2地域の経済厚生比較（まとめ）　75

6．少数派が、必ず交渉で損をするのか？　　76
　　7．結　語　　78

第4章　　　　　　　　　　　　　　　高知大学人文社会科学部　新井泰弘
EU 一般データ保護規則(GDPR)の経済分析 ……………… 81

　　1．はじめに　　81
　　2．モデル分析　　86
　　　2.1　データの可搬性の保証がもたらす効果　　86
　　　2.2　個人データの保護水準に関する規定がもたらす効果　　94
　　3．おわりに　　102
　　補遺：証明　　103

第5章　　　　　　　　　　　　　　千葉商科大学政策情報学部　小林航
課税平準化モデルにおける近視眼的政府の選択 …………… 109

　　1．はじめに　　109
　　2．モデル　　110
　　3．効用関数とパラメータ　　113
　　4．計算結果　　115
　　5．まとめ　　119

第6章　　　　　　　　　　　　　　東海大学政治経済学部　平賀一希
高齢化と政府支出乗数 ……………………………………………… 121

　　1．はじめに　　121
　　2．モデル　　124
　　　2.1　家　計　　124

2.2　企　業　*125*
　2.3　資本市場　*125*
　2.4　政　府　*126*
　2.5　財市場　*126*
　2.6　均衡条件および Policy Function　*126*
　2.7　定常状態　*127*
3．政策分析　*127*
　3.1　比較静学　*128*
　3.2　比較動学　*130*
　3.3　ディスカッション　*132*
　3.4　モデルの拡張の方向性について　*135*
4．おわりに　*136*

第Ⅲ部　実証・制度分析

第7章　信州大学経法学部　大野太郎／千葉商科大学政策情報学部　小林航
地方交付税のリスク・シェアリング機能と自治体の歳出平準化要因　*141*

1．はじめに　*141*
2．要因分解と推計方法　*143*
　2.1　要因分解の方法　*143*
　2.2　データと推計方法　*148*
3．推計結果　*149*
　3.1　歳出平準化への寄与　*149*
　3.2　税収減少局面と税収増加局面の違い　*151*
　3.3　純貯蓄の内訳別の寄与　*153*
4．おわりに　*157*

第8章 西南学院大学経済学部 近藤春生／神戸大学大学院経済学研究科 宮崎智視
アベノミクスは失業を改善させたのか？ ………………………… 161

1. はじめに　161
2. アベノミクスは失業を減らしたのか？　163
3. 関連研究と本稿の位置づけ　165
4. 地域別失業率の動向　167
5. VARによる実証分析　172
    5.1 実証分析のフレームワークとデータ　172
    5.2 推定結果と解釈　174
6. まとめ　179

索　引　183

執筆者紹介　185

第Ⅰ部

基礎理論

第1章

コアリション・プルーフ・ナッシュ均衡理論
戦略的補完・代替ゲームへの応用に関する展望

法政大学経済学部　篠原 隆介

1．はじめに

　本稿の目的は、これまでに蓄積された「コアリション・プルーフ・ナッシュ均衡」（coalition-proof Nash equilibrium）に関する主要な研究成果と今後の研究の方向性について展望することである。

　コアリション・プルーフ・ナッシュ均衡は、Bernheim et al. (1987) により導入され、多くの研究者により、この均衡の特徴が明らかにされ、経済分析に応用されてきた。通常、非協力ゲーム（とくに同時手番のゲーム）では、単独プレイヤーの離脱に対して安定的な「ナッシュ均衡」（Nash equilibrium）が、標準的な均衡概念であるが、コアリション・プルーフ・ナッシュ均衡は、これに加え、複数プレイヤーの提携離脱に対しても安定的な均衡概念である。協力ゲームにおけるコアと類似し、提携離脱に対する安定性を満たすため、コアリション・プルーフ・ナッシュ均衡は、非協力ゲームにおける「コア」の一種と考えることができる[1]。また、コアリション・プルーフ・ナッシュ均衡は、ナッシュ均衡よりも強い安定性を満たすことから、ナッシュ均衡が複数存在するゲームにおいて、分析を精緻化するために用いられる[2]。

非協力ゲームにおいて、プレイヤーの提携行動を考察することの意義は、企業のカルテル行動、国際環境問題解決のための協調行動、選挙における票の調整など、現実世界には、競争環境においても、グループ行動が観察されることが多いことにある。コアリション・プルーフ・ナッシュ均衡は、プレイヤーのグループ行動に対し安定的な帰結を検証するための手段の1つとして有用である[3]。

　本稿では、これまでのコアリション・プルーフ・ナッシュ均衡に関する研究の中で、経済分析に重要な役割を果たしうる結果を中心に紹介する。結果としての重要性を決定する1つの要因は、より多くの経済分析に応用可能であることである。そのため、本稿では、寡占市場ゲームや公共財供給ゲーム等の特定のゲームではなく、経済分析における代表的なゲームを包括する、数学的により一般的なゲームのクラスに焦点を当てた先行研究の成果を紹介する。コアリション・プルーフ・ナッシュ均衡は、Bernheim and Whinston (1986) によりメニューオークションゲームで分析され、Bernheim et al. (1987) により、一般の戦略形ゲームに対し定義されたが、導入当初得られた結果は、非常に限定的な状況においてのみ応用可能なものであった（後の命題1参照のこと）。その後、さまざまな経済ゲームを包含するクラスに焦点を当てた研究が行われてきたが、とくに研究の蓄積が多いのは、「戦略的補完性」(strategic complements) や「戦略的代替性」(strategic substitutes) を満たすゲームを対象とした研究である。これらのゲームのクラスで得られた結果は、経済分析にしばしば登場するゲームに応用可能であるため、本稿で

---

1) 「戦略的協力ゲーム理論」(strategic cooperative game theory) では、プレイヤーは非協力ゲーム理論で想定するような個人合理的な行動をする一方で、協力ゲーム理論で想定するような提携行動も行う。この理論では、コアリション・プルーフ・ナッシュ均衡のみならず、さまざまなコア概念が存在する。後に登場する強ナッシュ均衡も、本理論の流れの中に位置づけることができる。詳しくは、Ichiishi (1997)、中山等 (2008)、中山 (2012) 等を参照のこと。

2) 例えば、Bernheim and Whinston (1986) は、数多くのナッシュ均衡が存在するメニューオークションゲームを分析対象とし、分析の精緻化として、コアリション・プルーフ・ナッシュ均衡を用いる。

3) 企業競争における協調行動は Chowdhury and Sengupta (2004)、Delgado and Moreno (2004) 等、公共財供給における協調行動は Laussel and Le Breton (1998)、Shinohara (2010b) 等、投票行動における協調行動の帰結は Messner and Polborn (2007) 等、コンテストゲームへの応用は Quartieri and Shinohara (2016) 等により、コアリション・プルーフ・ナッシュ均衡分析が行われている。

は、戦略的補完性や戦略的代替性を満たすゲームのクラスを対象とした研究成果を中心に紹介する。

　以下では、先行研究における諸結果を、統一のモデルにおいて整理し証明を与える。その意図は、「プレイヤーが純粋戦略のみをとるのか、または混合戦略もとることができるのか」について、先行研究ごとに対応が異なり、それにともない、数学的な難易度についても異なることから、共通の仮定のもとで結果を整理したほうが、先行研究間の関連性が理解しやすいと考えるからである。本稿は、展望論文であるため、「プレイヤーは純粋戦略のみをとる」等の平易な前提のもと、既存の研究成果を紹介する方針をとりたい。また、これにより、既存の結果が成立する理由を直感的に理解することも可能となるであろう。

　まず第2節において、コアリション・プルーフ・ナッシュ均衡を導入し、その定義について詳述する。第3節では、一般的な戦略形ゲームに対し得られた成果を紹介する。第4節では、戦略的補完性と戦略的代替性を満たすゲームを対象とした研究成果を紹介する。第5節は、既存研究で定義された2つのコアリション・プルーフ・ナッシュ均衡の違いが、経済分析に与える影響を考察する。第6節では、結語を述べ、今後の研究の方向性を展望する。

2．基本モデル

　戦略形ゲームを $\Gamma = [N, (X_i, u_i)_{i \in N}]$ と表記する。$N = \{1, ..., n\}$ は有限のプレイヤー集合であり、$n \geq 1$ が満たされる。X_i は、プレイヤー i の純粋戦略の集合を表す。本稿では、議論を簡素にするために、プレイヤーは純粋戦略のみをとるものと仮定する。戦略組の集合を $X \equiv \Pi_{i \in N} X_i$ で表記する。$u_i : X \to \mathbb{R}$ は、プレイヤーの利得関数を表す。

　プレイヤー集合の部分集合を「提携」(coalition) と呼び、一般に $S \subseteq N$ と表記する。本稿では、とくに、$S \neq N$ となる場合、「部分提携」(subcoalition) と呼び、$S = N$ の場合は、「全体提携」(grand coalition) と呼ぶ。提携 S の戦略組とその集合は、それぞれ $x_S \equiv (x_i)_{i \in S}$ と $X_S \equiv \Pi_{i \in S} X_i$ と表記する。便宜上、x_N は x と、X_N は X と表記する。提携 S の補集合は $-S$ と表記する。1人プレイヤーの集合 $\{i\}$ の補集合は、$-i$ と表記する。

戦略形ゲームの標準的な均衡概念は、ナッシュ均衡であり、次のように定義される。

定義1 戦略形ゲーム $\Gamma = [N, (X_i, u_i)_{i \in N}]$ の戦略組 $x \in X$ が、「ナッシュ均衡」であるとは、

$$u_i(x_i, x_{-i}) < u_i(y_i, x_{-i})$$

が成立するようなプレイヤー $i \in N$ とその戦略 $y_i \in X_i$ が存在しないことをいう。

定義1が示すとおり、ナッシュ均衡は、プレイヤーの単独離脱に対して安定的な戦略組として定義される。ナッシュ均衡を拡張し、プレイヤーの単独離脱のみならず、複数プレイヤーによる提携離脱に対しても安定的であるのが、Aumann（1959）の強ナッシュ均衡（strong Nash equilibrium）である。

定義2 戦略形ゲーム $\Gamma = [N, (X_i, u_i)_{i \in N}]$ の戦略組 $x \in X$ が「強ナッシュ均衡」であるとは、任意の $i \in S$ に対し、

$$u_i(x_S, x_{-S}) < u_i(y_S, x_{-S})$$

が成立するような提携 $S \subseteq N$ とその戦略組 $y_S \in X_S$ が存在しないことをいう。

戦略組 x が強ナッシュ均衡である場合、任意の提携 S が、x_S から y_S へ戦略変更を行う提携離脱をしたとしても、すべての提携メンバーの利得を改善することが不可能である。上記の定義では、$S = \{i\}$ となるケースも許容されるため、強ナッシュ均衡は、ナッシュ均衡でもある。強ナッシュ均衡は、起こりうるすべての提携離脱に対して安定的であるので、ナッシュ均衡が存在する多くのゲームにおいても、存在しないことが知られている。例えば、表1-1の2人プレイヤーゲームでは、戦略組 (A_2, B_2) が、唯一のナッシュ均衡となるが、両プレイヤーが (A_1, B_1) へ戦略変更を行えば、ともに、利得を改善することができる。そのため、強ナッシュ均衡は、存在しない[4]。

4）強ナッシュ均衡は、クールノー競争ゲーム等、経済分析で登場する多くのゲームにおいて存在しないことが知られている。

表1-1 囚人のジレンマ

1 \ 2	B_1	B_2
A_1	2, 2	0, 4
A_2	4, 0	1, 1

表1-2 Bernheim *et al.* (1987) より

	B_1	B_2
A_1	1, 1, −5	−5, −5, 0
A_2	−5, −5, 0	0, 0, 10

C_1

	B_1	B_2
A_1	−1, −1, 5	−5, −5, 0
A_2	−5, −5, 0	−2, −2, 0

C_2

　コアリション・プルーフ・ナッシュ均衡は、強ナッシュ均衡と異なり、「自己拘束性」(self-enforceability) を満たす提携離脱に対してのみ安定的である。コアリション・プルーフ・ナッシュ均衡の導入における問題意識は、Bernheim *et al.* (1987) によれば、提携離脱が実行されるためには、その離脱に対しても、ある種の安定性（拘束力）が要請されるべきである、という点にある。Bernheim *et al.* (1987) による提携離脱の自己拘束性の概念は、提携が実行可能な離脱は、その離脱に加わる一部のプレイヤーのさらなる自己拘束的な離脱によって、覆されることがないもののみとする考え方である。自己拘束力を持たない提携離脱とは、例えば、表1-1のゲームでは、(A_2, B_2) から (A_1, B_1) への戦略変更である。この戦略変更は、両プレイヤーにとって利得を改善するものとなるが、(A_1, B_1) が実現した場合、プレイヤー1は、再度、戦略を A_2 へと変更する誘因を持つ（プレイヤー2についても同様である）。そのため、この離脱には拘束力がなく、実行不可能である。3人以上のプレイヤーによる提携離脱については、例えば、表1-2のゲームでは[5]、3人プレイヤー提携による (A_1, B_1, C_2) から (A_2, B_2, C_1) への離脱は、拘束的ではない。この離脱は、3人すべての利得を改善するが、プレイヤー1と2は、この離脱の後、(A_2, B_2) から (A_1, B_1) へと、再離脱を行うことで、利得を 0 から 1 へと改善することができる。しかも、(A_1, B_1) への再離脱

---

5) 本表は、Bernheim *et al.* (1987) により提示された。本表は3人プレイヤーゲームを表し、$N = \{1, 2, 3\}$, $X_1 = \{A_1, A_2\}$, $X_2 = \{B_1, B_2\}$, $X_3 = \{C_1, C_2\}$ である。各セルの利得ベクトルの第 i ($i = 1, 2, 3$) 要素は、プレイヤー i の利得を表す。

は、プレイヤー1と2による単独の再々離脱により覆されることはない。したがって、3人プレイヤー提携による (A_1, B_1, C_2) から (A_2, B_2, C_1) への離脱は、3人のプレイヤーの利得を改善するものの、プレイヤー1と2が拘束力のある提携離脱により覆すことが可能である。

コアリション・プルーフ・ナッシュ均衡は、「制限ゲーム」(restricted game) に基づき定義される。任意の提携 $S \subseteq N$ と、S に属さないプレイヤー集合 $-S$ の任意の戦略組 $\bar{x}_{-S} \in X_{-S}$ に対して、戦略形ゲーム Γ の $\bar{x}_{-S}$ における制限ゲームは、$\Gamma|\bar{x}_{-S}$ と記述され、提携 S に属する各プレイヤー i が、その補集合 $-S$ の戦略組を $\bar{x}_{-S}$ に固定した上で、X_i から戦略を選択する戦略形ゲームである。形式的には、次のように記述される。

$$\Gamma|\bar{x}_{-S} = [S, (X_i, \bar{u}_i)_{i \in S}]$$

$\bar{u}_i : X_S \to \mathbb{R}$ は、プレイヤー $i \in S$ の制限ゲームにおける利得関数であり、$\bar{u}_i(x_S) = u_i(x_S, \bar{x}_{-S})$ と定義される。制限ゲーム自体も、戦略形ゲームであることにも注意されたい。

Bernheim *et al.* (1987) は、戦略形ゲーム $\Gamma = [N, (X_i, u_i)_{i \in N}]$ のコアリション・プルーフ・ナッシュ均衡を、プレイヤー数 n に関して帰納的に定義した。

定義 3

1) $n = 1$ とし、プレイヤーが1人のみとなる戦略形ゲーム Γ を考察する。この戦略形ゲーム Γ において、$x_1^* \in X_1$ が、コアリション・プルーフ・ナッシュ均衡であるとは、$x_1^* \in \arg\max_{x \in X_1} u_1(x)$ を満たすことをいう。

2) $n \geq 2$ とし、プレイヤー数が n となる戦略形ゲーム Γ を考察する。帰納法の仮定として、プレイヤー数が n 未満となる Γ のすべての制限ゲームで、コアリション・プルーフ・ナッシュ均衡が、定義されたものとする。

   (a) $x^* \in X$ が、戦略形ゲーム Γ の「自己拘束的」な戦略組であるとは、任意の非空な部分提携 S に対して、$x_S^* \in X_S$ が、制限ゲーム $\Gamma|x_{-S}^*$ のコアリション・プルーフ・ナッシュ均衡であることをいう。

(b) $x^* \in X$ が、戦略形ゲーム Γ のコアリション・プルーフ・ナッシュ均衡であるとは、x^* が Γ の自己拘束的な戦略組であること、かつ、x^* を「強パレート支配」する、つまり、任意の $i \in N$ に対し $u_i(x^*) < u_i(y)$ を満たす、Γ の自己拘束的な戦略組 $y \in X$ が、他に存在しないことをいう。

$x^* \in X$ が、戦略形ゲーム Γ のコアリション・プルーフ・ナッシュ均衡であるならば、提携 S がとる戦略組 x_S^* は、制限ゲーム $\Gamma|x_{-S}^*$ においてコアリション・プルーフ・ナッシュ均衡となる。つまり、どの提携も、対応する制限ゲームで「コアリション・プルーフ・ナッシュ均衡をとる」という共通の原理で戦略組を選択することを意味する。コアリション・プルーフ・ナッシュ均衡のこの性質は、「内部整合性」(internal consistency) と呼ばれる。「どこを切ってもコアリション・プルーフ・ナッシュ均衡が出てくる」のは、どこを切っても同じ顔を出す金太郎飴の如くである。

前述のとおり、コアリション・プルーフ・ナッシュ均衡では、提携離脱によるメンバーの利得改善に加えて、その自己拘束性が問題となる。部分提携による離脱の自己拘束性は、定義3-2)-(b)で定義されており、各部分提携 S が、対応する制限ゲームでコアリション・プルーフ・ナッシュ均衡をとることで、S の提携離脱は、S の部分提携のさらなる離脱により覆されることはない。提携離脱の自己拘束性への理解は、Moreno and Wooders（1996）により与えられた、コアリション・プルーフ・ナッシュ均衡の再定義により、深めることができる。Moreno and Wooders（1996）は、各提携の自己拘束的な離脱を、次のように定義した。

定義 4 戦略形ゲーム $\Gamma = [N, (X_i, u_i)_{i \in N}]$ において、提携 $S \subseteq N$ が戦略組 $x \in X$ から離脱するものとする。このとき、自己拘束的離脱の集合 $D(S, x) \subseteq X_S$ は、次のように定義される。

1) 任意の $i \in N$ に対し、$D(\{i\}, x) = X_i$ である。
2) $|S| \geq 2$ の場合、

$$D(S, x) = \{y_S \in X_S \mid \neg [\exists T \subsetneq S, \exists z_T \in D(T, (y_S, x_{-S})), \forall i \in T, \\ u_i(z_T, y_{S \setminus T}, x_{-T}) > u_i(y_S, x_{-S})]\}$$

1)では、プレイヤーの自己拘束的な離脱集合は、そのプレイヤーの戦略集合全体と定義する。プレイヤーが、ある戦略組から単独離脱する場合には、いかなる戦略も選択できるためである。2)では、2人以上の提携による自己拘束的な離脱集合が定義されており、1)を前提とした上で、提携メンバー数について帰納的に定義される。定義から、Sの自己拘束的な離脱は、Sの任意の部分提携の自己拘束的な離脱により覆されないことに、注意したい。Moreno and Wooders (1996) では、自己拘束的な提携離脱に対し安定的な戦略組が、コアリション・プルーフ・ナッシュ均衡として定義される。

定義5 戦略形ゲーム $\Gamma = [N, (X_i, u_i)_{i \in N}]$ の戦略組 x^* が、コアリション・プルーフ・ナッシュ均衡であるとは、任意の $i \in S$ について、

$$u_i(y_S, x^*_{-S}) > u_i(x^*)$$

となるような提携 $S \subseteq N$ とその自己拘束的な離脱 $y_S \in D(S, x^*)$ が存在しないことをいう。

任意の戦略組 $x \in X$ について、定義4における $D(N, x)$ は、定義3における、戦略形ゲーム Γ の自己拘束的な戦略組の集合と一致することに注意する。このことから、定義5のコアリション・プルーフ・ナッシュ均衡は、定義3のものと同値である[6]。

定義5を見れば、コアリション・プルーフ・ナッシュ均衡と強ナッシュ均衡の違いは、提携離脱を自己拘束的なものに制限するか否か、であることが理解できる[7]。また、プレイヤーの単独離脱に対しても安定的であるので、コアリション・プルーフ・ナッシュ均衡は、ナッシュ均衡でもある。以上をまとめ、事実1を得る。

---

6) 混合戦略による均衡までを含めた場合の証明は、Moreno and Wooders (1996) により与えられている。
7) コアリション・プルーフ・ナッシュ均衡と強ナッシュ均衡の違いを、厳密に検証する研究に、Greenberg (1989) がある。この研究では、両均衡を抽象システム (abstract system) の安定集合として表現し、その差異を明らかにしている。また、Kahn and Mookherjee (1992) は、プレイヤー数が無限となる戦略形ゲームのコアリション・プルーフ・ナッシュ均衡を、抽象システムを用い、定義している。

事実1 任意の戦略形ゲームにおいて、強ナッシュ均衡は、コアリション・プルーフ・ナッシュ均衡である。また、コアリション・プルーフ・ナッシュ均衡は、ナッシュ均衡である。

次に、コアリション・プルーフ・ナッシュ均衡と強パレート効率性基準により精緻化された均衡の関係について論ずる。

定義6 戦略形ゲーム $\Gamma = [N, (X_i, u_i)_{i \in N}]$ の戦略組 $x \in X$ が、「強パレート精緻化ナッシュ均衡」であるとは、それがナッシュ均衡であり、かつ、任意の $i \in N$ に対し $u_i(x) < u_i(y)$ が成立するようなナッシュ均衡 $y \in X$ が他に存在しないことをいう。

コアリション・プルーフ・ナッシュ均衡理論の研究において、強パレート精緻化ナッシュ均衡との関係を明らかにすることは、重要な関心の１つとなっている。それは、仮に、これら２つの均衡集合が一致すれば、「ナッシュ均衡集合を強パレート効率性基準で精緻化する」という比較的簡易な方法で、コアリション・プルーフ・ナッシュ均衡を導出することができるからである。煩雑な帰納法の手順を経ないことは、応用ゲーム分析においても、メリットは大きいだろう。それでは、両均衡の関係は、いかなるものか。事実２は、戦略形ゲーム一般において成立する関係を明らかにする。

事実２

1) $n = 2$ となる戦略形ゲーム Γ において、ある戦略組がコアリション・プルーフ・ナッシュ均衡であることの必要十分条件は、それが、強パレート精緻化ナッシュ均衡であることである。

2) $n \geq 3$ となる戦略形ゲーム Γ において、コアリション・プルーフ・ナッシュ均衡は、他のナッシュ均衡に強パレート支配される場合が存在する。また、強パレート精緻化ナッシュ均衡が、コアリション・プルーフ・ナッシュ均衡ではない場合も存在する。

1) は、均衡の定義から自明である。2) は、表1-2のゲームにおいて、(A_1, B_1, C_2) と (A_2, B_2, C_1) が純粋戦略のナッシュ均衡であるが、前者がコアリション・プルーフ・ナッシュ均衡、後者が強パレート精緻化ナッシュ均衡

であり、後者が前者を強パレート支配することに注意したい。本ゲームから分かるとおり、パレート優位なナッシュ均衡への提携離脱は、必ずしも自己拘束的ではない[8]。

3．一般ゲームにおける研究

まず、戦略的補完性や戦略的代替性などの特定の構造を仮定しない、一般的な戦略形ゲームで導出された結果を紹介する。

3.1 強パレート精緻化ナッシュ均衡との一致性：嚆矢的研究

前述のとおり、コアリション・プルーフ・ナッシュ均衡と強パレート精緻化ナッシュ均衡との関係を明らかにすることは、研究関心の1つであるが、その先駆けとなったのは、Bernheim et al. (1987) による次の命題である。

命題1　(Bernheim et al., 1987) 戦略形ゲーム $\Gamma = [N, (X_i, u_i)_{i \in N}]$ において、任意の提携 $S \subsetneq N$ と任意の $x_{-S} \in X_{-S}$ に対して、制限ゲーム $\Gamma|x_{-S}$ が、ただ1つのナッシュ均衡を持つことを仮定する。このとき、戦略形ゲーム Γ のコアリション・プルーフ・ナッシュ均衡集合は、強パレート精緻化ナッシュ均衡集合と一致する。

証明　プレイヤー数 n に関する帰納法を用いて証明する。まず、$n=1$ のときは、自明である。$n \geq 2$ の場合、次の事実が成立する。

事実3　$n \geq 2$ となる戦略形ゲーム Γ において、プレイヤー数が n 未満となる任意の制限ゲームのコアリション・プルーフ・ナッシュ均衡集合と強パレート精緻化ナッシュ均衡集合が一致することを仮定する。このとき、ゲーム Γ の自己拘束的な戦略組の集合とナッシュ均衡集合が一致する。

この事実は、次のとおり証明される。x を戦略形ゲーム Γ のナッシュ均衡とすると、命題の仮定から、任意の提携 $S \subsetneq N$ に対し、x_S は、制限ゲーム $\Gamma|x_{-S}$ の唯一のナッシュ均衡となる。したがって、この制限ゲームにおい

---

[8] また、表1-2から、強パレート精緻化ナッシュ均衡が内部整合的でないことも確認できる。この表のゲームにおいて、(A_2, B_2) は、制限ゲーム $\Gamma|C_1$ において、強パレート精緻化ナッシュ均衡ではないことに注意されたい。

て、x_S が他のナッシュ均衡にパレート強支配されないことは自明であり、帰納法の仮定から、x_S は、制限ゲーム $\Gamma|x_{-S}$ のコアリション・プルーフ・ナッシュ均衡である。したがって、x は、ゲーム Γ の自己拘束的な戦略組である。また、戦略形ゲーム Γ の自己拘束的な戦略組は、ナッシュ均衡でなければならないので、戦略形ゲーム Γ の自己拘束的な戦略組の集合とナッシュ均衡集合が一致する。

事実3から、戦略形ゲーム Γ のコアリション・プルーフ・ナッシュ均衡集合と、強パレート精緻化ナッシュ均衡集合が一致することが分かる。■

命題1は、コアリション・プルーフ・ナッシュ均衡集合と強パレート精緻化ナッシュ均衡集合が一致するための十分条件として、戦略形ゲーム Γ の任意の制限ゲームにおいてナッシュ均衡が唯一存在することを提示する。しかしながら、この条件が成立する経済ゲームは多くなく、本命題の経済分析への応用可能性は乏しいことは、Quartieri and Shinohara（2012）で議論されており[9]、したがって、より多くの経済分析に応用可能な十分条件の提示が望まれる。

3.2 逐次無支配戦略を用いた特徴づけ

Moreno and Wooders（1996）と Milgrom and Roberts（1996）は、逐次無支配戦略を用いてコアリション・プルーフ・ナッシュ均衡を特徴づけた。

逐次無支配戦略の定義のため、まず、戦略間の支配関係を定義する。

定義7 戦略形ゲーム $\Gamma = [N, (X_i, u_i)_{i \in N}]$ において、プレイヤー $i \in N$ の戦略集合 X_i の部分集合を Y_i と表記する。Y_i に属するプレイヤー $i \in N$ の戦略 y_i が、$\Pi_{j \in N} Y_j$ において「強く支配される」とは、任意の $y_{-i} \in \Pi_{j \neq i} Y_j$ に対し、

$$u_i(z_i, y_{-i}) > u_i(y_i, y_{-i})$$

を満たすようなプレイヤー i の戦略 z_i が Y_i に存在することをいう。

戦略形ゲーム $\Gamma = [N, (X_i, u_i)_{i \in N}]$ における支配された戦略の逐次除去と

---

9) Quartieri and Shinohara（2012）の第4.4節を参照のこと。

は、戦略形ゲーム Γ からスタートし、強く支配される戦略を逐次的に除去する過程である。この過程は、形式的には、まず、戦略形ゲーム Γ のプレイヤー $i \in N$ の戦略の集合 X_i を X_i^0、戦略組の集合 X を X^0 と表記し、各プレイヤー $i \in N$ について、X^0 において強く支配される戦略をすべて除去し、残された戦略の集合を X_i^1 と表記する。次に、この戦略集合に基づき戦略形ゲーム $\Gamma^1 = [N, (X_i^1, u_i^1)_{i \in N}]$ を構築する。ここで、u_i^1 は、任意の $x \in X^1 \equiv \prod_{j \in N} X_j^1$ に対して、$u_i^1(x) = u_i(x)$ を満たす利得関数とする。ゲーム Γ^1 においても同様に、各プレイヤー $i \in N$ について、X^1 において強く支配される戦略をすべて除去し、残った戦略の集合を X_i^2 と表記する。戦略形ゲーム Γ^2 についても、同様の過程を繰り返す。この過程を、強く支配される戦略が存在しなくなるまで繰り返し、得られたゲームを $\Gamma^\infty = [N, (X_i^\infty, u_i^\infty)_{i \in N}]$ と表記する[10]。この戦略形ゲームの戦略組の集合を $X^\infty \equiv \prod_{j \in N} X_j^\infty$ と表記する。X_i^∞ に属する戦略を、プレイヤー i の「逐次無支配戦略」(serially undominated strategy) と呼ぶ。

補題 1 戦略形ゲーム $\Gamma = [N, (X_i, u_i)_{i \in N}]$ において、任意の $x \in X^\infty$、任意の提携 $S \subseteq N$、および、任意の戦略組 $y_S \in X_S$ に対し、次の条件 1) もしくは 2) が成立するならば、$(y_S, x_{-S}) \in X^\infty$ が成立する。

1) $|S| = 1$ であり、かつ、y_S が $\Gamma | x_{-S}$ のナッシュ均衡である。
2) $|S| \geq 2$ であり、かつ、y_S が制限ゲーム $\Gamma | x_{-S}$ の自己拘束的な戦略組である。

証明 背理法により証明する。$(y_S, x_{-S}) \in X^m$ を満たす非負の整数 m のうち、最大の値を m^* とする。$(y_S, x_{-S}) \in X^{m^*} \setminus X^{m^*+1}$ が成立するが、$x_{-S} \in X_{-S}^\infty$ であることから、$y_S \in X_S^{m^*} \setminus X_S^{m^*+1}$ となる。これは、提携 S のあるメンバー j に対し、戦略 y_j が、X^{m^*} において強支配されることを意味する。つまり、$z_j \in X_j^{m^*}$ が存在し、任意の $z_{-j} \in X_{-j}^{m^*}$ に対し、

$$u_j(z_j, z_{-j}) > u_j(y_j, z_{-j}) \tag{1}$$

が成立する。$x_{-S} \in X_{-S}^\infty \subseteq X_{-S}^{m^*}$ および $y_{S \setminus \{j\}} \in X_{S \setminus \{j\}}^{m^*}$ が成立することに注意

---

[10] $X_i^\infty \equiv \bigcap_{m \in \mathbb{Z}_+} X_i^m$ であり、u_i^∞ は、任意の $x \in \prod_{j \in N} X_j^\infty$ に対し、$u_i^\infty(x) = u_i(x)$ を満たす利得関数である。

すれば、条件(1)から、

$$u_j(z_j, y_{S\setminus\{j\}}, x_{-S}) > u_j(y_j, y_{S\setminus\{j\}}, x_{-S})$$

を得る。さらに、$(y_{S\setminus\{j\}}, x_{-S}) \in X_{-j}$ であることに注意すれば、この不等式条件は、y_S が制限ゲーム $\Gamma|x_{-S}$ においてナッシュ均衡ではないことを示している。$|S| \geq 2$ の場合、制限ゲーム $\Gamma|x_{-S}$ の自己拘束的な戦略組 y_S は、この制限ゲームにおいてナッシュ均衡でなければならないため、1) もしくは 2) のいずれの場合でも、矛盾が生じる。■

本補題から、逐次無支配戦略組からの自己拘束的な提携離脱により実現するのは、逐次無支配戦略の組のみである。提携離脱の自己拘束性により、離脱で選択する戦略組は、制限ゲームのナッシュ均衡であり、さらに、よく知られているとおり、ナッシュ均衡は逐次無支配戦略の組であることからも、本命題の成立を直感的に理解することができるであろう。

Moreno and Wooders (1996) と Milgrom and Roberts (1996) は、コアリション・プルーフ・相関均衡を導入し、逐次無支配戦略との関係を明らかにしている。コアリション・プルーフ・相関均衡とは、相関戦略による自己拘束的な提携離脱に対し安定な均衡である。Moreno and Wooders (1996) は、プレイヤー各々の戦略集合が有限であることを仮定し、Milgrom and Roberts (1996) は、各プレイヤーの戦略集合がコンパクトであり、利得関数が連続性を満たすことを仮定する。これらの仮定のもとでは、逐次無支配戦略組の集合 X^∞ が非空となることは保証される[11]。Moreno and Wooders (1996) は、補題1に関連する命題を明示的に導出している。本稿のように純粋戦略のみを対象とした分析では、その命題は、上記の補題1に簡略化することができる。ただし、Moreno and Wooders (1996) は、プレイヤーの戦略集合に有限性を課すが、本稿の補題1は、これに依拠しない。そのため、有限集合に限らず、一般的な戦略集合に対して適用可能である。Moreno and Wooders (1996) と Milgrom and Roberts (1996) は、相関戦略を用いた提携離脱を考慮に入れる点で、本稿よりも一般的であることは言うまでもな

---

11) Milgrom and Roberts (1996) の補題1 (p.117) および補題2 (p.119) と、これらの補題周辺の議論を参照のこと。

いが、本稿のように、純粋戦略のみを分析対象とすれば、自己拘束的な戦略組がナッシュ均衡となり、ナッシュ均衡が逐次無支配となる事実が、結果成立の中心にあることを、より鮮明に理解できるであろう。

利得支配の概念を定義した上で、Moreno and Wooders (1996) と Milgrom and Roberts (1996) が示したコアリション・プルーフ・ナッシュ均衡の存在のための十分条件を紹介する。

定義8 戦略形ゲーム $\Gamma = [N, (X_i, u_i)_{i \in N}]$ において、戦略組 $x \in X$ が、$y \in X$ を「利得支配する」(payoff dominate) とは、任意の $i \in N$ に対し、$u_i(x) \geq u_i(y)$ が成立することをいう。

命題2 (Moreno and Wooders, 1996; Milgrom and Roberts, 1996)
1) 戦略形ゲーム $\Gamma = [N, (X_i, u_i)_{i \in N}]$ において、もし、ある逐次無支配戦略の組 $x \in X^\infty$ が、他のすべての逐次無支配戦略の組を利得支配するならば、x は、戦略形ゲーム Γ のコアリション・プルーフ・ナッシュ均衡である。
2) さらに、この x が、他のすべての逐次無支配戦略の組 $y \in X^\infty$ を強パレート支配するならば、x は、戦略形ゲーム Γ の唯一のコアリション・プルーフ・ナッシュ均衡である。

証明
1) 利得支配の条件から、任意の $y \in X^\infty$ および任意の $i \in N$ に対して、
$$u_i(x) \geq u_i(y) \tag{2}$$
が成立する。まず、x が、戦略形ゲーム Γ の自己拘束的な戦略組であることを、背理法を用いて証明する。x が戦略形ゲーム Γ の自己拘束的な戦略組ではないならば、提携 $S \subsetneq N$ が存在し、x_S は、制限ゲーム $\Gamma|x_{-S}$ のコアリション・プルーフ・ナッシュ均衡ではない。このとき、次の(a)もしくは(b)が起こる。
(a) 制限ゲーム $\Gamma|x_{-S}$ において x_S が自己拘束的な戦略組ではあるが、別の自己拘束的な戦略組 $y_S \in X_S$ が存在し、任意の $i \in S$ に対し $u_i(y_S, x_{-S}) > u_i(x)$ が成立する。
(b) 制限ゲーム $\Gamma|x_{-S}$ において x_S が自己拘束的な戦略組ではない。つ

まり、提携 $T \subseteq S$ と制限ゲーム $\Gamma|x_{-T}$ のコアリション・プルーフ・ナッシュ均衡 $w_T \in X_T$ が存在し、任意の $i \in T$ に対し $u_i(w_T, x_{-T}) > u_i(x)$ が成立する。

(a) の場合、補題 1 より、$(y_S, x_{-S}) \in X^\infty$ が成立し、条件 (2) から、任意の $i \in S$ に対し $u_i(y_S, x_{-S}) \leq u_i(x)$ となるため、矛盾が生じる。(b) の場合も同様で、w_T が、制限ゲーム $\Gamma|x_{-T}$ の自己拘束的な戦略組であることに注意すれば、$(w_T, x_{-T}) \in X^\infty$ が成立し、条件 (2) から、任意の $i \in S$ に対し $u_i(w_T, x_{-T}) \leq u_i(x)$ となるため矛盾する。結果、x が、戦略形ゲーム Γ の自己拘束的な戦略組となる。

再度、利得支配の条件から、戦略形ゲーム Γ には、x を強パレート支配する自己拘束的な戦略組は存在しないため、x は、Γ のコアリション・プルーフ・ナッシュ均衡である。

2) x が、戦略形ゲーム Γ の自己拘束的な戦略組であることは、1) と同様に証明することができる。仮定節より、x は、他のすべての自己拘束的な戦略組を強パレート支配するので、x は、唯一のコアリション・プルーフ・ナッシュ均衡となる。■

戦略形ゲーム Γ が「支配可解」(dominant solvable) であるとは、集合 X^∞ が唯一の要素により構成されることをいう。支配可解ゲームのコアリション・プルーフ・ナッシュ均衡の存在と唯一性は、命題 2 から直ちに証明可能である。

系 1　(Moreno and Wooders, 1996; Milgrom and Roberts, 1996) もし、戦略形ゲーム Γ が支配可能解であるならば、ゲーム Γ のコアリション・プルーフ・ナッシュ均衡は、唯一存在する。

命題 2 と系 1 が、経済分析への応用可能性を議論する。経済分析で代表的なゲームモデルの中には、支配可解となるものが存在する。例えば、2 企業による、同質財のクールノー競争ゲームでは、一定条件下で、支配可解となるため、系 1 を適用することは可能である。支配可解とはならないゲームでは、命題 2 により、コアリション・プルーフ・ナッシュ均衡を導出できるか、が次の問題となるが、これは、ゲームの構造による。例えば、クールノ

一競争ゲームでは、企業数が3以上の場合、支配可解にはならない上、Yi (1999) が指摘するとおり、ある逐次無支配戦略組が、その他の逐次無支配戦略組を利得支配することもないため、命題2を適用することはできない。一方、命題2を介し、コアリション・プルーフ・ナッシュ均衡の特定が可能となるゲームとして、準優モジュラゲーム（quasi supermodular game）を挙げることができる。このゲームについては、次節で詳述するが、差別化財のベルトラン競争ゲーム等、経済分析で登場するゲームには、準優モジュラ性を満たすものが存在するため、命題2が経済分析に貢献する。

本節では、ゲームに特定の構造を課さない場合の結果を紹介した。特定の構造を課さないがゆえに、さまざまなゲーム分析に適用可能であるように見えるが、結果として、コアリション・プルーフ・ナッシュ均衡の存在証明や特徴づけのためには、ナッシュ均衡や逐次無支配戦略の組に対して、強い十分条件を課さなければならないことが明らかとなり、必ずしも「使い勝手のよい」結果とはいえない。

4．戦略的補完および戦略的代替ゲームにおける研究

前節とはアプローチを変え、本節では、戦略的補完性と戦略的代替性を満たすゲームに着目する。前節のとおり、ゲームに特定の構造を課さないアプローチでは、経済分析への応用が十分とはいえないため、本節では、より多くの経済分析への応用を試み、経済分析に登場するゲームが満たす条件を仮定して、均衡の特性を明らかにする。

まず、議論の単純化のための前提として、次の条件を仮定する。

- 条件(R)：各プレイヤーiの戦略集合X_iが、1次元実数空間$\mathbb{R}$のコンパクト部分集合である。
- 条件(C)：各プレイヤー$i \in N$の利得関数$u_i: X \to \mathbb{R}$は、連続関数である。

これらの条件は、多くの経済モデルで満たされるため、正当化に議論は必要ないであろう。例えば、公共財の自発的供給ゲームでは、戦略集合が1次元実数空間であり、利得関数の連続性は課される。

4.1 戦略的補完ゲーム

戦略的補完性が満たされるゲームでは、各プレイヤーの最適反応関数は、ライバルプレイヤーの戦略に対し、非減少関数となる。戦略的補完性を保証するための条件として、本稿では、次の条件を考察する。

・**条件(SC)**：任意の $i \in N$、$x_i > y_i$ を満たす任意の $x_i, y_i \in X_i$、および、$x_{-i} > y_{-i}$ を満たす任意の $x_{-i}, y_{-i} \in X_{-i}$ に対し[12]、もし $u_i(x_i, y_{-i}) - u_i(y_i, y_{-i}) \geq 0$ が成立するならば、$u_i(x_i, x_{-i}) - u_i(y_i, x_{-i}) > 0$ が成立する。

条件(SC)が課された場合、各プレイヤー i の最適反応対応 $b_i(x_{-i})$ は、x_{-i} に関し非減少となることを確認することができる[13]。本稿では、条件(R)、(C)、(SC)のすべてを満たす戦略形ゲームを、「戦略的補完ゲーム」と呼ぶ。先行研究で考察される戦略的補完ゲームは、さまざまな形で定義されており、本稿の戦略的補完ゲームよりも、より一般的であるが、これについては、後述する。

Milgrom and Shannon (1994) の定理12から直ちに、戦略的補完ゲームにおいて、逐次無支配戦略組とナッシュ均衡との間に、次の関係が観察される。

補題2 (Milgrom and Shannon, 1994) 戦略的補完ゲーム $\Gamma = [N, (X_i, u_i)_{i \in N}]$ では、各プレイヤー $i \in N$ は、最大逐次無支配戦略 $\overline{x}_i$ と最小逐次無支配戦略 $\underline{x}_i$ を持つ[14]。さらに、最大逐次無支配戦略の組 $\overline{x} \equiv (\overline{x}_i)_{i \in N}$ と最小逐次無支配戦略の組 $\underline{x} \equiv (\underline{x}_i)_{i \in N}$ は、それぞれ、このゲーム Γ の純粋戦略ナッシュ均衡である。

経済分析に登場するゲームの中には、各プレイヤーの利得が、ライバルプレイヤーの戦略変更に対して、単調に変化するものがある。例えば、差別化

---

[12] $x_{-i} > y_{-i}$ は、すべての $j \in N\setminus\{i\}$ に対して $x_j \geq y_j$ であり、かつ、$x_{-i} \neq y_{-i}$ が成立することと定義する。
[13] 厳密には、次の条件を満たす：任意の $w_{-i}, z_{-i} \in X_{-i}$、$w_i \in b_i(w_{-i})$、$z_i \in b_i(z_{-i})$ に対し、もし $w_{-i} > z_{-i}$ ならば、$w_i \geq z_i$ が成立する。
[14] プレイヤー i の戦略 $\overline{x}_i$ が、最大逐次無支配戦略であるとは、プレイヤー i の任意の逐次無支配戦略 $x_i \in X_i^\infty$ に対して、$x_i \leq \overline{x}_i$ が成立することである。最小逐次無支配戦略についても、同様に定義できる。

代替財のベルトラン競争モデルでは、自社の価格を一定とし、他社の価格が上昇した場合、自社への需要が増加し自社利潤が増加する。一方で、クールノー競争モデルでは[15]、自社の供給量を一定とし、ライバル企業の供給量が増加すれば、自社利潤が減少する。これらの条件は、増加外部性条件(IE)と減少外部性条件(DE)により一般化される。

・**条件**(IE)：任意の $i \in N$ と任意の $x_i \in X_i$、および、任意の $x_{-i}, y_{-i} \in X_{-i}$ に対し、もし $x_{-i} > y_{-i}$ が成立するならば、$u_i(x_i, x_{-i}) \geq u_i(x_i, y_{-i})$ が成立する。

・**条件**(DE)：任意の $i \in N$ と任意の $x_i \in X_i$、および、任意の $x_{-i}, y_{-i} \in X_{-i}$ に対し、もし $x_{-i} > y_{-i}$ が成立するならば、$u_i(x_i, x_{-i}) \leq u_i(x_i, y_{-i})$ が成立する。

条件(IE)では、プレイヤー i の利得は、他のプレイヤーの戦略増加に対して、弱い意味で増加するため、他プレイヤーから正の外部性を受ける。対照的に、条件(DE)では、プレイヤー i は、他のプレイヤーから負の外部性を受ける。これら単調的な外部性条件が課された場合、戦略的補完ゲームでは、次の補題が成立する。

補題3 戦略的補完ゲーム $\Gamma = [N, (X_i, u_i)_{i \in N}]$ において、もし条件(IE)が満たされるならば、$\overline{x}$ は、それ以外の逐次無支配戦略組を利得支配し、もし条件(DE)が満たされるならば、$\underline{x}$ は、それ以外の逐次無支配戦略組を利得支配する[16]。

証明 条件(IE)が満たされる場合のみ証明する。$y \in X$ を、$\overline{x}$ とは異なる逐次無支配戦略の組であるものとする。$\overline{x}$ は、Γ のナッシュ均衡であるため、各プレイヤー $i \in N$ に対して、$u_i(\overline{x}) \geq u_i(y_i, \overline{x}_{-i})$ を満たす。$\overline{x}_{-i} \geq y_{-i}$ が満たされるため、条件(IE)より、$u_i(y_i, \overline{x}_{-i}) \geq u_i(y_i, y_{-i})$ が成立する。結果、任意の $i \in N$ に対し、$u_i(\overline{x}) \geq u_i(y)$ が成立する。■

補題3から、外部性条件が成立する戦略的補完ゲームでは、命題2の前提

---

[15] クールノー競争ゲームは、必ずしも戦略的補完ゲームとはならないことを、注意しておく。
[16] 本補題に関連する結果として、Milgrom and Roberts（1990）の定理7を参照のこと。

条件が成立するため、次の命題を得る。

命題3 戦略的補完ゲーム $\Gamma = [N, (X_i, u_i)_{i \in N}]$ において、もし、条件(IE)が成立するならば、$\bar{x}$ がゲーム Γ のコアリション・プルーフ・ナッシュ均衡となり、さらに、もし $\bar{x}$ が他の逐次無支配戦略の組を強パレート支配するならば、$\bar{x}$ が唯一のコアリション・プルーフ・ナッシュ均衡となる。また、もし条件(DE)が成立するならば、$\underline{x}$ が戦略形ゲーム Γ のコアリション・プルーフ・ナッシュ均衡となり、さらに、もし $\underline{x}$ が他の逐次無支配戦略の組を強パレート支配するならば、$\underline{x}$ が唯一のコアリション・プルーフ・ナッシュ均衡となる。

戦略的補完ゲームの逐次無支配戦略の性質に着目し、コアリション・プルーフ・ナッシュ均衡の特徴を明らかにしたのは、Milgrom and Roberts (1996) である。ただし、Milgrom and Roberts (1996) の均衡の定義は、定義3とは異なり、弱パレート支配に基づく。この違いは、第5節で説明するとおり、分析結果に大きな違いをもたらしうるため、命題3は、Milgrom and Roberts (1996) の結果とは、異なる。

強パレート精緻化ナッシュ均衡とコアリション・プルーフ・ナッシュ均衡の関係は、Quartieri (2013) により、明らかにされた。

命題4 (Quartieri, 2013) 条件(IE)もしくは条件(DE)が成立する戦略的補完ゲームでは、コアリション・プルーフ・ナッシュ均衡集合は、強パレート精緻化ナッシュ均衡集合に包含されるが、必ずしも一致しない。

証明 条件(IE)を満たす戦略的補完ゲーム $\Gamma = [N, (X_i, u_i)_{i \in N}]$ のコアリション・プルーフ・ナッシュ均衡を $x \in X$ とする。背理法の仮定として、他のナッシュ均衡 y が存在し、x を強パレート支配すると仮定する。純粋ナッシュ均衡集合は X^∞ に包含されるため、$y \in X^\infty$ が成立する。補題3と命題3から、コアリション・プルーフ・ナッシュ均衡 $\bar{x}$ は y を利得支配する。結果、任意の $i \in N$ に対し、$u_i(x) < u_i(\bar{x})$ が成立する。均衡の定義から、コアリション・プルーフ・ナッシュ均衡 $\bar{x}$ に強パレート支配される戦略組 x は、コアリション・プルーフ・ナッシュ均衡になりえないため矛盾が生じる。不一致性は、Quartieri (2013) の例2を参照のこと。■

外部性条件が成立する戦略的補完ゲームのコアリション・プルーフ・ナッシュ均衡の特徴は、Milgrom and Roberts（1996）と Quartieri（2013）によって明らかにされているが、これらの先行研究で考察されるゲームは、本稿の戦略的補完ゲームよりも数学的に一般的なものである。Milgrom and Roberts（1996）は、準優モジュラゲームを分析対象とする。このゲームでは、各プレイヤーの戦略集合は、コンパクト束（compact lattice）であり、一次元実数空間の部分集合に限定されない。また、条件(SC)よりも、より弱い「単一交差条件」(single-crossing condition）が仮定され、この条件は、各プレイヤーの最適反応が、他プレイヤーの戦略に対し、単調非減少となることの十分条件である。したがって、準優モジュラゲームのクラスは、プレイヤーの最適反応が単調非減少となるゲームのすべてを、包含するわけではないが、経済分析で登場するゲームを多く含むゲームのクラスとして知られている。例えば、Milgrom and Shannon（1994）を参照のこと。

　Quartieri（2013）は、各プレイヤーの最適反応が単調非減少となることを、直接的に仮定した。Quartieri（2013）は、Milgrom and Roberts（1996）では検証されなかったパレート精緻化ナッシュ均衡とコアリション・プルーフ・ナッシュ均衡の関係や、コアリション・プルーフ・ナッシュ均衡の定義中のパレート支配関係の強弱の違いが、均衡集合に与える影響など、さまざまな問題を分析した。

　戦略的補完ゲームにおける分析結果は、広く経済分析に応用可能であり、例えば、Quartieri（2013）では、メンバーの補完的な作業により実現するプロジェクトの遂行ゲーム、軍備拡張競争のゲーム、代替的な差別化財による価格競争ゲームへの応用が、展開されている。

4.2　戦略的代替ゲーム

　「戦略的代替性」が満たされるゲームでは、各プレイヤーの最適反応関数が、ライバルプレイヤーの戦略に対し、非増加となる。本稿では、戦略的代替性を保証するための条件として、次の条件を考察する。

・**条件(SS)**：任意の $i \in N$、$x_i > y_i$ を満たす任意の $x_i, y_i \in X_i$、および、$x_{-i} > y_{-i}$ を満たす任意の $x_{-i}, y_{-i} \in X_{-i}$ に対し、もし $u_i(y_i, y_{-i}) -$

$u_i(x_i, y_{-i}) \geq 0$ が成立するならば、$u_i(y_i, x_{-i}) - u_i(x_i, x_{-i}) > 0$ が成立する。

条件(SS)が満たされるゲームでは、プレイヤー i の最適反応対応 $b_i(x_{-i})$ が、$w_{-i} > z_{-i}$ を満たす任意の $w_{-i}, z_{-i} \in X_{-i}$、および、任意の $w_i \in b_i(w_{-i})$ と $z_i \in b_i(z_{-i})$ に対し、$w_i \leq z_i$ を満たすことは、容易に確認可能である。また、戦略形ゲーム $\Gamma = [N, (X_i, u_i)_{i \in N}]$ に対し、各プレイヤーの利得関数 u_i に「-1」を乗じた利得関数 $-u_i$ で、戦略形ゲーム $\Gamma^- = [N, (X_i, -u_i)_{i \in N}]$ を構築すれば、戦略形ゲーム Γ が条件(SS)を満たすことは、戦略形ゲーム Γ^- が条件(SC)を満たすことと同値であることが分かる。

本稿では、Yi (1999) と Shinohara (2010c) が着目した集計可能ゲーム (aggregative game) を考察する。

定義9 条件(R)を満たす戦略形ゲーム $\Gamma = [N, (X_i, u_i)_{i \in N}]$ が「集計可能」であるとは、任意の $i \in N$、任意の $x_i \in X_i$、および、任意の $x_{-i}, y_{-i} \in X_{-i}$ に対し、もし $\sum_{j \neq i} x_j = \sum_{j \neq i} y_j$ が成立するならば、$u_i(x_i, x_{-i}) = u_i(x_i, y_{-i})$ が成立することをいう。

集計可能ゲームでは、プレイヤーの利得は、そのプレイヤーが選択する戦略と、他のプレイヤーの戦略の集計値のみに依存する。集計可能性は、クールノー競争ゲームや公共財の自発的供給ゲーム等、経済分析の代表的なゲームで満たされている。以下では、条件(R)、(C)、(SS)のすべてを満たす集計可能ゲームを、「戦略的代替集計可能ゲーム」と呼ぶ。

ゲームの集計可能性のもとでは、条件(IE)、(DE)、(SS)は、それぞれ、(IE′)、(DE′)、(SS′)と同値であることは、直ち導出可能である。

- **条件**(IE′):任意の $i \in N$ と任意の $x_i \in X_i$、および、任意の $x_{-i}, y_{-i} \in X_{-i}$ に対し、もし $\sum_{j \neq i} x_j > \sum_{j \neq i} y_j$ が成立するならば、$u_i(x_i, x_{-i}) \geq u_i(x_i, y_{-i})$ が成立する。
- **条件**(DE′):任意の $i \in N$ と任意の $x_i \in X_i$、および、任意の $x_{-i}, y_{-i} \in X_{-i}$ に対し、もし $\sum_{j \neq i} x_j > \sum_{j \neq i} y_j$ が成立するならば、$u_i(x_i, x_{-i}) \leq u_i(x_i, y_{-i})$ が成立する。
- **条件**(SS′):任意の $i \in N$、$x_i > y_i$ を満たす任意の $x_i, y_i \in X_i$、および、

$\sum_{j \neq i} x_j > \sum_{j \neq i} y_j$ を満たす任意の $x_{-i}, y_{-i} \in X_{-i}$ に対し、もし $u_i(y_i, y_{-i}) - u_i(x_i, y_{-i}) \geq 0$ が成立するならば、$u_i(y_i, x_{-i}) - u_i(x_i, x_{-i}) > 0$ が成立する。

補題4より、戦略的代替集計可能ゲームでは、条件(IE)もしくは(DE)が成立する場合、あるナッシュ均衡が、他のナッシュ均衡を強パレート支配することはない。

補題4 (Quartieri and Shinohara, 2015) 条件(IE)もしくは条件(DE)が成立する戦略的代替集計可能ゲーム Γ において、任意のナッシュ均衡は、強パレート精緻化ナッシュ均衡である。

証明 条件(IE)が成立する戦略的代替集計可能ゲーム $\Gamma = [N, (X_i, u_i)_{i \in N}]$ において、ナッシュ均衡 x が、他のナッシュ均衡 y を強パレート支配するものと仮定する。このとき、任意の $i \in N$ に対し、

$$u_i(x) > u_i(y) \tag{3}$$

が成立する。

まず、任意のプレイヤー $i \in N$ に対し、

$$\sum_{j \in N \setminus \{i\}} x_j > \sum_{j \in N \setminus \{i\}} y_j \tag{4}$$

が成立することを証明する。仮に、あるプレイヤー i に対し、$\sum_{j \in N \setminus \{i\}} x_j \leq \sum_{j \in N \setminus \{i\}} y_j$ が成立するならば、条件(IE)から、$u_i(x_i, y_{-i}) \geq u_i(x_i, x_{-i})$ が成立し、さらに、ナッシュ均衡の定義から、$u_i(y_i, y_{-i}) \geq u_i(x_i, y_{-i})$ が成立する。結果、$u_i(y_i, y_{-i}) \geq u_i(x_i, x_{-i})$ が成立するが、これは、条件(3)に矛盾する。

条件(4)をすべてのプレイヤーに対し辺々を足しあわせ、$\sum_{j \in N} x_j > \sum_{j \in N} y_j$ を得る。この不等式条件から、少なくとも1人のプレイヤー $k \in N$ について、$x_k > y_k$ が成立する。y がナッシュ均衡であることから、$u_k(y_k, y_{-k}) - u_k(x_k, y_{-k}) \geq 0$ が成立する。さらに、条件(SS) と $\sum_{j \in N \setminus \{k\}} x_j > \sum_{j \in N \setminus \{k\}} y_j$ から、$u_k(y_k, x_{-k}) - u_k(x_k, x_{-k}) > 0$ が成立するが、これは、x がナッシュ均衡であることに矛盾する。条件(DE)の場合も同様である。■

外部性条件の成立する戦略的代替集計可能ゲームでは、あるナッシュ均衡

が、他のナッシュ均衡を強パレート支配することはない（補題4）が、外部性条件が満たされる戦略的補完ゲームでは、他のナッシュ均衡を強パレート支配するナッシュ均衡が存在する（補題3）。ナッシュ均衡の間の強パレート支配関係は、戦略的代替性と戦略的補完性とで対照的となるが、これは、両ゲームのナッシュ均衡集合の順序構造の違いに由来する。次の補題は、戦略的代替集計可能ゲームのナッシュ均衡の順序構造について、重要な示唆を与える。

補題 5 （Quartieri and Shinohara, 2015）戦略的代替集計可能ゲーム $\Gamma = [N, (X_i, u_i)_{i \in N}]$ では、異なる2つのナッシュ均衡 $x, y \in X$ に対し、1）または2）が成立する。

1) $x_i > y_i$ かつ $x_j < y_j$ が成立する i と j が存在する。
2) $\sum_{j \neq i} x_j = \sum_{j \neq i} y_j$ が成立するプレイヤー i が存在する。

証明は、Quartieri and Shinohara（2015）を参照のこと。本補題から、異なる2つのナッシュ均衡に対し、2）が満たされなければ、$x_i > y_i$ かつ $x_j < y_j$ を満たす異なる2人のプレイヤー i と j が存在し、x と y は、X 上の直積順序（product order）で比較不可能である。したがって、外部性条件を課したとしても、他のナッシュ均衡を強パレート支配するナッシュ均衡は存在しえない。一方で、戦略的補完ゲームにおいては、X 上の直積順序における最大と最小ナッシュ均衡が唯一に定まるため、外部性条件が満たされれば、ナッシュ均衡間に強パレート支配関係が成立する。補題3と補題4との違いは、こうしたナッシュ均衡集合の順序比較可能性に由来するのである。

命題 5 （Shinohara, 2010c; Quartieri and Shinohara, 2015）条件(IE)もしくは条件(DE)が成立する戦略的代替集計可能ゲームにおいて、ある戦略組がコアリション・プルーフ・ナッシュ均衡であることの必要十分条件は、それがナッシュ均衡であることである。

証明 条件(IE)が成立する戦略的代替集計可能ゲーム $\Gamma = [N, (X_i, u_i)_{i \in N}]$ において、プレイヤー数 n に関する帰納法を用いて証明する。$n = 1$ の場合は、定義3から自明である。次に、$n \geq 2$ を仮定し、ゲーム Γ の、プレイヤー数が n 未満となる任意の制限ゲームにおいて、ナッシュ均衡とコアリシ

ョン・プルーフ・ナッシュ均衡が同値であることを、帰納法の仮定とする。$x \in X$ をゲーム Γ のナッシュ均衡とする。任意の $S \subsetneq N$ に対し、x_S は、制限ゲーム $\Gamma|_{x_{-S}}$ のナッシュ均衡であり、帰納法の仮定から、x_S は、この制限ゲームのコアリション・プルーフ・ナッシュ均衡でもある。したがって、x は、ゲーム Γ の自己拘束的な戦略組となる。さらに、定義 3 から、ゲーム Γ の自己拘束的な戦略組は、ナッシュ均衡であるので、ナッシュ均衡と自己拘束的な戦略組は、同値である。補題 4 より、ゲーム Γ の任意の自己拘束的な戦略組は、他の自己拘束的な戦略組に強パレート支配されることはない。したがって、任意のナッシュ均衡は、コアリション・プルーフ・ナッシュ均衡である。条件 (DE) の場合も同様である。■

これまでの結果を総合すれば、戦略的補完ゲームでは、ナッシュ均衡が複数存在する場合には、その一部をコアリション・プルーフ・ナッシュ均衡で選別することは可能であるが、戦略的代替ゲームでは、それが、不可能である。これは、戦略的代替ゲームでは、ナッシュ均衡間に強パレート支配関係が観察されないことに由来し、したがって、戦略的補完性と戦略的代替性のもとでのナッシュ均衡集合の順序構造の違いが、コアリション・プルーフ・ナッシュ均衡の特徴づけにも影響を与える。

補題 4 および命題 5 から、直ちに、次の系を得る。

系 2 条件 (IE) もしくは条件 (DE) が成立する戦略的代替集計可能ゲームにおいて、ある戦略組がコアリション・プルーフ・ナッシュ均衡であることの必要十分条件は、それが、強パレート精緻化ナッシュ均衡であることである。

戦略的代替性を満たす集計可能ゲームにおいて、コアリション・プルーフ・ナッシュ均衡を初めて検証したのは、Yi (1999) である。Yi (1999) は、集計可能ゲームに、条件 (IE) もしくは (DE) の外部性に関する条件、および、本稿の条件 (SS) よりも強い戦略的代替性の条件を課し[17]、任意の強パレー

---

[17] Yi (1999) が課した条件は、任意の $i \in N$、$x_i > y_i$ を満たす任意の $x_i, y_i \in X_i$ に対し、効用値の差分 $u_i(y_i, z_{-i}) - u_i(x_i, z_{-i})$ が、$\sum_{j \neq i} z_j$ に関して増加することである。この条件が満たされれば、条件 (SS) が満たされることは、自明である。

ト精緻化ナッシュ均衡が、コアリション・プルーフ・ナッシュ均衡となることを証明した[18]。

Yi (1999) の結果を見ると、ナッシュ均衡の中でも、強パレート精緻化ナッシュ均衡のみが、コアリション・プルーフ・ナッシュ均衡となる印象を受けるが、これは正しくない。Shinohara (2010c) は、本稿と同じ戦略的代替集計可能ゲームにおいて、条件(IE)もしくは(DE)が成立する場合、ナッシュ均衡は、すべて、コアリション・プルーフ・ナッシュ均衡であることを証明した。条件(SS)は、Yi (1999) の戦略的代替性条件よりも弱いので、Yi (1999) のゲームにおいても、2つの均衡集合は、一致する。

Quartieri and Shinohara (2015) は、Jensen (2010) が導入した「相互作用関数」(interaction function) を活用し、さらなる分析の拡張を行っている。戦略形ゲーム $\Gamma = [N, (X_i, u_i)_{i \in N}]$ において、プレイヤーiの相互作用関数は、$\sigma_i: X \to \mathbb{R}$ と表記され、$x_i \in X_i$ に関して一定であり、任意の $j \in N \setminus \{i\}$ の $x_j \in X_j$ に対し、非減少関数となる関数である。戦略形ゲームΓが、「相互作用ゲーム」(interactive game) であるとは、任意の $i \in N$ に対し、相互作用関数σ_iが存在し、$x_i = y_i$ かつ $\sigma_i(x) = \sigma_i(y)$ を満たす任意の $x, y \in X$ に対し、$u_i(x) = u_i(y)$ が成立するゲームである。相互作用関数は、多くの経済ゲームを包括する分析を可能とするため、応用分析上のメリットは大きい。例えば、標準的なクールノー競争ゲームや公共財の自発的供給ゲームは、プレイヤーiの相互作用関数は、$\sigma_i(x) = \sum_{j \neq i} x_j$ と定義される。別の例として、Bramoullé and Kranton (2007) が分析したネットワーク上の公共財供給ゲームでは、各プレイヤーの利得は、ネットワーク上で、そのプレイヤーと隣接する者が供給する公共財量に依存して決定する。プレイヤーiとネットワーク上で隣接するプレイヤー集合を $N_i \subseteq N$ とすれば、プレイヤーiの相互作用関数は、$\sigma_i(x) = \sum_{j \in N_i} x_j$ と定義される[19]。また、Jensen (2010) が導入したチームプロジェクトゲームでは、各プロジェクトメンバーが、プロジェクトの成功確率を上げるために、努力を投入するが、メンバーjの努

---

[18] Yi (1999) は、任意のコアリション・プルーフ・ナッシュ均衡が、強パレート精緻化ナッシュ均衡になることの証明は与えていないが、本稿の系2から、これが成立することを確認できる。

[19] Bergstrom *et al.* (1986) 等で分析される標準的な公共財供給モデルでは、任意のプレイヤー$i \in N$ に対し、$N_i = N \setminus \{i\}$ が成立する。

力量を x_j と表記する場合、メンバー i の相互作用関数は、$\sigma_i(x) = \Pi_{j \neq i} x_j$ として定義される。応用分析の詳細については、Quartieri and Shinohara (2015) の第 4 節を参照されたい。

5．提携離脱の利得改善とコアリション・プルーフ・ナッシュ均衡

　プレイヤーが提携を形成し離脱するのは、その提携に属するメンバーの利得が、離脱により「改善する」ことが条件であるが、この利得改善の考え方は、通常、2 種類存在する。1 つは、提携メンバー全員の利得が増加した場合にのみ、提携メンバーの利得が改善したと考えるもの、もう 1 つは、少なくとも 1 人の提携メンバーの利得が増加しさえすれば、他のメンバーについては、利得が不変であっても、提携メンバーの利得が改善したと考えるものである。前者の意味での利得改善が可能な場合、後者の意味においても可能であるので、前者は後者よりも強い意味で提携メンバーの利得を改善する。本節では、提携離脱の利得改善の強弱が、コアリション・プルーフ・ナッシュ均衡分析に与える影響を検証する。

　定義 3 のコアリション・プルーフ・ナッシュ均衡は、Bernheim et al. (1987) 等の先行研究の一部により用いられる。この定義では、均衡が強パレート支配関係に基づくため、各提携は、すべてのメンバーの利得が改善する場合にのみ離脱する。本節では、定義 3 で与えられた自己拘束性を「S-自己拘束性」、コアリション・プルーフ・ナッシュ均衡を「S-コアリション・プルーフ・ナッシュ均衡」と呼ぶことにする。その一方で、Bernheim and Whinston (1986) 等の先行研究では、弱パレート支配関係に基づき均衡を定義する。このコアリション・プルーフ・ナッシュ均衡を、定義 3 のものと区別するために、W-コアリション・プルーフ・ナッシュ均衡と呼び[20]、次のように定義する[21]。

---

20) S は strong を、W は weak を指す。

定義10

1) $n=1$ とし、プレイヤーが1人のみとなる戦略形ゲーム $\Gamma = [N,(X_i, u_i)_{i \in N}]$ を考察する。この戦略形ゲーム Γ において、$x_1^* \in X_1$ が、W-コアリション・プルーフ・ナッシュ均衡であるとは、$x_1^* \in \arg\max_{x \in X_1} u_1(x)$ を満たすことをいう。

2) $n \geq 2$ とし、プレイヤー数が n となる戦略形ゲーム $\Gamma = [N,(X_i, u_i)_{i \in N}]$ を考察する。帰納法の仮定として、W-コアリション・プルーフ・ナッシュ均衡が、プレイヤー数が n 未満となるすべての制限ゲームで、定義されたものとする。

(a) $x^* \in X$ が、ゲーム Γ の「W-自己拘束的」な戦略組であるとは、任意の非空な提携 S に対して、$x_S^* \in X_S$ が、制限ゲーム $\Gamma|x_{-S}^*$ の W-コアリション・プルーフ・ナッシュ均衡であることをいう。

(b) 戦略組 $x^* \in X$ が、戦略形ゲーム Γ の「W-コアリション・プルーフ・ナッシュ均衡」であるとは、x^* が Γ の W-自己拘束的な戦略組であること、かつ、x^* を「弱パレート支配する」、つまり、任意の $i \in N$ に対し、$u_i(x^*) \leq u_i(y)$ が成立し、かつ、少なくとも1人のプレイヤー $i \in N$ に対し、$u_i(x^*) < u_i(y)$ が成立するような、W-自己拘束的な戦略組 $y \in X$ が、他に存在しないことをいう。

定義3と定義10の違いは、提携離脱の利得改善の強弱のみである。任意の戦略形ゲームにおいて、弱パレート支配されない戦略組は、常に、強パレート支配されることがないため、利得改善の強弱は、均衡分析に大きな影響を与えるようには、見えない。実際、強ナッシュ均衡について、同様に S-強ナッシュ均衡（定義2）と W-強ナッシュ均衡を定義すれば[22]、任意の戦略形ゲームにおいても、W-強ナッシュ均衡集合は、S-強ナッシュ均衡集合に包含され、2つの均衡集合が、共通部分を持たないほどに、異なる分析結果

---

21) Bernheim and Whinston (1986)、Milgrom and Roberts (1996)、Ray (1996)、Kukushkin (1997) 等は、W-コアリション・プルーフ・ナッシュ均衡を採用し、Bernheim et al. (1987)、Bernheim and Whinston (1987)、Greenberg (1989)、Kahn and Mookherjee (1992)、Moreno and Wooders (1996)、Peleg (1998)、Yi (1999)、Shinohara (2010a, 2010c) 等は、S-コアリション・プルーフ・ナッシュ均衡を採用する。S-コアリション・プルーフ・ナッシュ均衡のほうが、W-コアリション・プルーフ・ナッシュ均衡よりも、若干、文献数が多いとの印象を、筆者は持つ。

表1-3　Konishi *et al.*（1999）より

	B_1	B_2
A_1	1, 0, -5	-5, -5, 0
A_2	-5, -5, 0	0, 0, 10

C_1

	B_1	B_2
A_1	-1, -1, 5	-5, -5, 0
A_2	-5, -5, 0	-2, -2, 0

C_2

を与えることは、起こりえない。コアリション・プルーフ・ナッシュ均衡についても、同様の包集合の含関係が成立すれば、利得改善の考え方の違いが、均衡分析に大きな影響を与えることはなく、利得改善の強弱いずれかの選択は、些細な問題と考えてもよいであろう。しかしながら、また驚くべきことに、コアリション・プルーフ・ナッシュ均衡については、利得改善の選択が、分析結果に大きな影響を与える可能性がある。Konishi *et al.*（1999）により提示された表1-3のゲームを見てみよう。このゲームのW-コアリション・プルーフ・ナッシュ均衡は、戦略組 (A_1, B_1, C_2) のみであり、S-コアリション・プルーフ・ナッシュ均衡は、戦略組 (A_2, B_2, C_1) のみである。

Konishi *et al.*（1999）は、共通エージェントゲームにおいて、2つのコアリション・プルーフ・ナッシュ均衡集合が包含関係を持つことを示したが、その他のゲームに対する分析は行われていない。そのため、どの程度、2つのコアリション・プルーフ・ナッシュ均衡が異なる分析結果をもたらすか、については明らかではない。

　これを明らかとするため、均衡の定義から直ちに示せる結果を、補題6に整理する。

補題6　$n=1$ となる戦略形ゲームでは、W-コアリション・プルーフ・ナッシュ均衡とS-コアリション・プルーフ・ナッシュ均衡は、同値である。$n=2$ となる戦略形ゲームでは、W-コアリション・プルーフ・ナッシュ均衡集合は、S-コアリション・プルーフ・ナッシュ均衡集合に包含される。

証明　$n=1$ の場合は、自明である。$n=2$ の場合は、ゲーム Γ のW-自己拘束的な戦略組の集合とS-自己拘束的な戦略組の集合がナッシュ均衡集合

---

22) 戦略形ゲーム $\Gamma = [N, (X_i, u_i)_{i \in N}]$ において、$x \in X$ がW-強ナッシュ均衡であるとは、任意の $i \in S$ に対し、$u_i(x_S, x_{-S}) \leq u_i(y_S, x_{-S})$ が成立し、かつ、少なくとも1人のSのメンバーについて、この不等式条件が厳密に成立するような提携 $S \subseteq N$ とその戦略組 $y_S \in X_S$ が存在しないことをいう。

に一致することから、導くことができる。■

補題6と表1-3のゲームが示すことは、W-とS-コアリション・プルーフ・ナッシュ均衡集合間に包含関係が成立するか否かは、ゲームのプレイヤー数に依存することであり、$n=1$もしくは$n=2$の戦略形ゲームにおいては、各プレイヤーの戦略集合と利得関数の構造に依存せず、一般的に、2つの均衡集合に包含関係が成立する。$n \geq 3$となるゲームでは、表1-3のゲームが示すとおり、この包含関係が、必ずしも成立しない。

経済分析で重要となる戦略的補完性や戦略的代替性が成立するゲームでは、2つのコアリション・プルーフ・ナッシュ均衡が、どの程度、異なる分析結果を与えるのか。まず、Shinohara（2005）が示した、戦略的代替集計可能ゲームにおける結果を紹介する。

命題6 （Shinohara, 2005）条件(IE)もしくは条件(DE)が成立する戦略的代替集計可能ゲームにおいて、W-コアリション・プルーフ・ナッシュ均衡集合は、S-コアリション・プルーフ・ナッシュ均衡集合に包含される。

本命題は、命題5より、直ちに証明可能である。命題5により、ナッシュ均衡集合とS-コアリション・プルーフ・ナッシュ均衡集合が一致すること、および、W-コアリション・プルーフ・ナッシュ均衡集合が、ナッシュ均衡集合の部分集合であることから、命題6は証明される。命題6の集合間の包含関係は、Quartieri and Shinohara（2015）が、相互作用ゲームにおいても示している。

戦略的補完ゲームに関しては、Quartieri（2013）が、同様の包含関係が成立することを証明した。

命題7 （Quartieri, 2013）条件(IE)もしくは条件(DE)が成立する戦略的補完ゲームにおいて、W-コアリション・プルーフ・ナッシュ均衡集合は、S-コアリション・プルーフ・ナッシュ均衡集合に包含される。

本命題の証明は、Quartieri（2013）を参照のこと。

戦略的補完性および戦略的代替性が、経済分析で重要となるゲームで成立することを鑑みれば、分析結果が、2つの均衡集合が共通部分を持たないほ

どに異なることは、多くの経済分析では起こりえないと結論づけられる。

　本節の最後に、注意点を2つ挙げる。第一に、強ナッシュ均衡やコアリション・プルーフ・ナッシュ均衡等、戦略形ゲームに対し定義された提携均衡では、提携メンバー間の利得移転は想定されていない。仮に、提携メンバー間で利得移転が可能であるならば、弱い意味での利得改善を実現する提携離脱は、提携メンバー間の利得移転により、強い意味での利得改善をも実現する。第二に、命題6と命題7で前提としたゲームにおいても、W-コアリション・プルーフ・ナッシュ均衡集合とS-コアリション・プルーフ・ナッシュ均衡集合は、必ずしも一致しない。Shinohara (2005) は、条件(IE)を満たす戦略的代替集計可能ゲームの1つの例として、公共財供給への自発的参加ゲームを挙げ、2つの均衡集合が一致しないことを示した。したがって、2つの均衡が、まったく同じ分析結果を与えるわけではなく、2つの均衡集合の一致には、追加条件が必要であるが、既存の研究では明らかにされていない。

6. 結 語

　本稿の目的は、これまで蓄積されたコアリション・プルーフ・ナッシュ均衡に関する研究成果を紹介することであり、とくに、導入当初から戦略的補完・代替ゲームにいたる研究成果を中心に整理した。本均衡の導入当初の研究成果は、経済分析への応用可能性は十分とはいえなかったが、その後の研究により、経済分析に登場する多くのゲームを含む戦略的補完・代替ゲームのクラスにおいて、包括的な均衡分析が可能となった。

　これらの研究成果を踏まえ、今後の研究として、戦略的補完・代替ゲームにおける研究成果を数学的に一般化し、より多くの経済分析に適用可能とする試みは、重要であることは間違いない。とくに、戦略的代替ゲームの研究は、プレイヤーの戦略集合を1次元ユークリッド空間の部分集合に制限する等、強い仮定を置くことから、拡張研究の余地は、戦略的補完ゲームの研究に比べても、多く残されている。

　その一方、戦略的補完・代替ゲームの枠組みでとらえきれないゲームも多く存在する。コアリション・プルーフ・ナッシュ均衡が想定する自己拘束性

の概念は、オークションにおける談合、寡占市場における企業の結託、公共財供給における便益享受者間の協調行動、選挙の票の調整や議会における議員の協調など、広く経済問題における提携行動では満たされる性質と考えることができるので、特定ゲームに着目した応用研究も取り組まれるべき課題の1つである。

また、コアリション・プルーフ・ナッシュ均衡における自己拘束性の概念を再考することも、重要な研究であるといえる。本均衡の自己拘束性は、提携の内部メンバーの離脱に対してのみ安定性を要求するが、より自然に自己拘束性を定式化するならば、ある提携の離脱は、その内部メンバーと外部プレイヤーによる再離脱で覆される可能性も考慮する必要もある。この意味で、コアリション・プルーフ・ナッシュ均衡の自己拘束性の概念を基礎として、「提携離脱の自然な自己拘束性は、何か」を考察し、分析拡張することも、重要な研究課題となるであろう。

参考文献

Aumann, R. (1959) "Acceptable points in general cooperative n-person games," in: Tucker A. W. and Luce D. R. (eds.) *Contributions to the theory of games IV*, Princeton University Press, Princeton, pp.287-324.

Bergstrom, T., L. Blume and H. Varian (1986) "On the private provision of public goods," *Journal of Public Economics*, 29: 25-49.

Bernheim, B. and M. D. Whinston (1986) "Menu auctions, resource allocation, and economic influence," *Quarterly Journal of Economics*, 101: 1-31.

Bernheim, B. and M. D. Whinston (1987) "Coalition-proof Nash equilibria II. Applications," *Journal of Economic Theory*, 42: 13-29.

Bernheim, B., B. Peleg and M. D. Whinston (1987) "Coalition-proof Nash equilibria I. Concepts," *Journal of Economic Theory*, 42: 1-12.

Bramoullé, Y. and R. Kranton (2007) "Public goods in networks," *Journal of Economic Theory*, 135: 478-494.

Chowdhury, P. R. and K. Sengupta (2004) "Coalition-proof Bertrand equilibria," *Economic Theory*, 24: 307-324.

Delgado, J. and D. Moreno (2004) "Coalition-proof supply function equilibria in oligopoly," *Journal of Economic Theory*, 114: 231-254.

Greenberg, J. (1989) "Deriving strong and coalition-proof Nash equilibria from an abstract system," *Journal of Economic Theory*, 49: 195-202.

Ichiishi, T. (1997) *Microeconomic Theory*, Wiley-Blackwell.

Jensen, M. K. (2010) "Aggregative games and best-reply potentials," *Economic Theory*, 43: 45-66.

Kahn, C. M. and D. Mookherjee (1992) "The good, the bad and the ugly: Coalition proof equilibrium in infinite games," *Games and Economic Behavior*, 4: 101-121.

Konishi, H., M. Le Breton and S. Weber (1999) "On coalition-proof Nash equilibria in common agency games," *Journal of Economic Theory*, 85: 122-139.

Kukushkin, N. S. (1997) "An existence result for coalition-proof equilibrium," *Economics Letters*, 57: 269-273.

Laussel, D. and M. Le Breton (1998) "Efficient private production of public goods under common agency," *Games and Economic Behavior*, 25: 194-218.

Messner, M. and M. K. Polborn (2007) "Strong and coalition-proof political equilibria under plurality and runoff rule," *International Journal of Game Theory*, 35: 287-314.

Milgrom, P. and J. Roberts (1990) "Rationalizability, learning, and equilibrium with games with strategic complementarities," *Econometrica*, 58: 1255-1277.

Milgrom, P. and J. Roberts (1996) "Coalition-proofness and correlation with arbitrary communication possibilities," *Games and Economic Behavior*, 17: 113-128.

Milgrom, P. and C. Shannon (1994) "Monotone comparative statics," *Econometrica*, 62: 157-180.

Moreno, D. and J. Wooders (1996) "Coalition-proof equilibrium," *Games and Economic Behavior*, 17: 80-112.

Peleg, B. (1998) "Almost all equilibria in dominant strategies are coalition-proof," *Economics Letters*, 60: 157-162.

Quartieri, F. (2013) "Coalition-proofness under weak and strong Pareto dominance," *Social Choice and Welfare*, 40: 553-579.

Quartieri, F. and R. Shinohara (2012) "Coalition-proofness in aggregative games with strategic substitutes and externalities," available at SSRN: http://dx.doi.org/10.2139/ssrn.2036697.

Quartieri, F. and R. Shinohara (2015) "Coalition-proofness in a class of games with strategic substitutes," *International Journal of Game Theory*, 44: 785-813.

Quartieri, F. and R. Shinohara (2016) "Two-group contests with communication within and between groups," in: von Mouche P. and Quartieri F. (eds.) *Equilibrium Theory for Cournot Oligopolies and Related Games*, Springer Series in Game Theory (Official Series of the Game Theory Society), Springer, Cham, pp.245-268.

Ray, I. (1996) "Coalition-proof correlated equilibrium: A definition," *Games and Economic Behavior*, 17: 56-79.

Shinohara, R. (2005) "Coalition-proofness and dominance relations," *Economic Letters*, 89: 174-179.

Shinohara, R. (2010a) "Coalition-proof Nash equilibria in a normal-form game and its subgames," *International Game Theory Review*, 12: 253-261.

Shinohara, R. (2010b) "Coalition-proof equilibria in a voluntary participation game," *International Journal of Game Theory*, 39: 603-615.

Shinohara, R. (2010c) "Coalition-proof Nash equilibrium of aggregative games," available at http://ryusukeshinohara.ehoh.net/wp/agg.pdf.

Yi, S. (1999) "On the coalition-proofness of the Pareto frontier of the set of Nash equilibria," *Games and Economic Behavior*, 26: 353-364.

中山幹夫（2012）『協力ゲームの基礎と応用』勁草書房

中山幹夫・船木由喜彦・武藤滋夫（2008）『協力ゲーム理論』勁草書房

第 2 章

戦略的代替ゲームにおける提携均衡
提携離脱の自己拘束性と不可逆性について

法政大学経済学部　篠原　隆介

1. はじめに

　本稿では、戦略的代替性および単調外部性を満たす戦略形ゲームを分析対象とする。このゲームは、クールノー寡占市場ゲームや公共財の自発的供給ゲーム等、経済分析における代表的なゲームを例に持つため、その均衡の特徴を明らかにすることは、応用分析上、重要である。一方で、標準的な均衡概念であるナッシュ均衡は、このゲームにおいて、必ずしも一意に定まるとは限らない[1]。本稿では、提携離脱に対して頑健な新たな均衡を提示し、戦略的代替性かつ単調外部性を満たす戦略形ゲームに対し、より精緻な均衡分析が可能か否か、について検証する。

　非協力ゲームにおける提携離脱に対して安定的な均衡は、さまざま存在する。戦略的代替性かつ単調外部性を満たす戦略形ゲームを対象とした分析では、Yi（1999）、Shinohara（2005, 2010）、Quartieri and Shinohara（2015）などが、コアリション・プルーフ・ナッシュ均衡（Bernheim *et al.*, 1987）を検証している[2]。これら先行研究の中で、Quartieri and Shinohara（2015）は、σ-相

1）クールノー競争ゲームや公共財供給ゲームが複数の純粋戦略ナッシュ均衡を持つ例は、Quartieri and Shinohara（2015）により与えられている。

互作用ゲームの枠組みを用い、経済分析への高い応用可能性を持つ結果を得ている。彼らの分析結果によれば、戦略的代替性かつ単調外部性を満たす戦略形ゲームでは、コアリション・プルーフ・ナッシュ均衡集合は、ナッシュ均衡集合に一致することが示されている（後出の「結果」を参照のこと）。

また、強ナッシュ均衡（Aumann, 1959）は、コアリション・プルーフ・ナッシュ均衡よりも、強力な提携安定性を備えた均衡であるが、その安定性の強さから、この均衡の存在は非常に稀であり、σ-戦略的代替性およびσ-単調外部性を満たす戦略形ゲームにおいても、その存在は保証されない。したがって、既存の提携離脱に対して安定的な均衡では、ナッシュ均衡による分析を精緻化するのは難しいように思われる。

本稿では、σ-戦略的代替性およびσ-単調外部性を満たす戦略形ゲームにおいて、強ナッシュ均衡よりも弱く、コアリション・プルーフ・ナッシュ均衡よりも強い安定性を満たす「中間的な」均衡が存在し、かつ、複数のナッシュ均衡の中から一部を抜き出すことが可能か否か、を問う。その検証のため、新たに「離脱制限をともなう提携均衡」を導入する。この提携均衡では、どの提携が離脱可能か、また、離脱可能な提携が実行可能な離脱戦略は何か、について制限が外生的に与えられる。この想定は、現実世界の経済主体間のコミュニケーションや協調行動が、何らかの理由により制限されていることを考えれば、妥当であるといえる。例えば、競争に直面する企業間の共謀は、法的に禁止される場合があることや、国政選挙では、同一の政党を支持する者同士が票の調整を行うことはあるが、異なる政党の支持者間での票の調整は行われないこと、などはイメージしやすい。また、プレイヤー間で離脱戦略について合意が得られたとしても、その合意が単なる口約束でしかなければ、「合意の実行可能性」（＝拘束性の問題）は問題となり、これは、提携が実行可能な離脱戦略を制限しうる。

本稿の提携均衡のメリットは、離脱制限に適切に条件を課すことで、既存のさまざまな均衡概念を表現することができることにある（命題1参照）。例えば、ナッシュ均衡、コアリション・プルーフ・ナッシュ均衡、強ナッシュ均衡は表現可能である。コアリション・プルーフ・ナッシュ均衡と強ナッシ

---

2) コアリション・プルーフ・ナッシュ均衡については、本書第1章を参照のこと。

ュ均衡の中間的な頑健性を満たす「半強ナッシュ均衡」(semi-strong Nash equilibrium; Kaplan, 1992; Milgrom and Roberts, 1994) や「近強ナッシュ均衡」(near-strong Nash equilibrium; Rozenfeld and Tennenholtz, 2010) なども、表現可能である。

経済分析において、どのような離脱制限を課すかは、議論を要するが、本稿では、「ナッシュ安定性」(定義10参照)および「不可逆性」(定義11参照)の2つの制限について注目する。ナッシュ安定性は、任意の提携は、離脱の際にナッシュ均衡戦略をとらなければならないことを要請する。非協力ゲームにおいて、プレイヤーは自由にゲームをプレイする想定がなされていることを考えれば、提携離脱戦略に対しても、何らかの安定性が課されるべきであり、ナッシュ安定性は、非協力ゲームにおける提携離脱が満たすべき「最低限の条件」として位置づけることが可能である。一方で、不可逆性は、ナッシュ安定性を満たさない離脱制限の一例である。本稿では、ナッシュ安定性が離脱制限に課された場合、提携均衡集合とナッシュ均衡集合は一致することが示される(命題2参照)。一方で、不可逆性が課された場合には、提携均衡集合が、ナッシュ均衡集合の真部分集合になる可能性があることも示される(例1参照)。

不可逆性は、ナッシュ安定性を満たさないため、非協力ゲームにおける提携離脱の条件として、正当化するのは難しいだろう。したがって、正当化の難しい提携離脱を導入して初めて、σ-SS と σ-ME を満たすゲームのナッシュ均衡分析の精緻化が可能となることが、本稿の結論である。

最後に、その他の先行研究との関係について言及する。本稿のように、外生的に条件を与えることで、複数の均衡概念を包括的に表現する均衡概念は、すでに提示されている。Ichiishi (1981) の「社会提携均衡」や Zhao (1992) の「ハイブリッド解」は、提携構造を適切に設定することで、ナッシュ均衡やコアを特殊ケースとして表現する。また、Laraki (2009) の提示した提携均衡は、本稿の均衡概念と同様に、提携離脱が限定される。これらの均衡は、本稿で導入する離脱制限をともなう提携均衡とは、別概念である。また、先行研究の関心は、均衡の存在にあり、ナッシュ均衡を厳密な意味で精緻化するか否かは、考察の対象とはなっていない。

2. 準 備

2.1 σ-相互作用ゲームの戦略的代替性と単調外部性

戦略形ゲームを $\Gamma = (N, (S_i)_{i \in N}, (u_i)_{i \in N})$ と記述する[3]。N は、有限なプレイヤー集合であり、任意のプレイヤー $i \in N$ に対し、S_i は、プレイヤーiの戦略集合、$u_i : \Pi_{i \in N} S_i \to \mathbb{R}$ は、i の利得関数である。プレイヤー集合の部分集合 $C \subseteq N$ を提携と呼ぶ。各 $C \subseteq N$ の戦略組の集合を $S_C \equiv \Pi_{i \in C} S_i$ と記述する。S_C の代表的な要素を $s_C \equiv (s_i)_{i \in C}$ と記述する。各 $C \subseteq N$ に対し、その補集合を $-C$ と記述する。

戦略形ゲーム $\Gamma = (N, (S_i)_{i \in N}, (u_i)_{i \in N})$ におけるプレイヤー $i \in N$ の「最適反応対応」(best-reply correspondence) は、$b_i : S_N \to 2^{S_i}$ で定義される。本稿では、b_i は、必ずしも単価であるとは限らない。

本稿では、「σ-相互作用ゲーム」(σ-interactive game) に焦点を当てる。戦略形ゲーム Γ が、σ-相互作用ゲームであるとは、次の2つの条件を満たすものとして定義される。

1) 任意のプレイヤー $i \in N$ に対し、$S_i \subseteq \mathbb{R}$ が成立する。

2) 任意のプレイヤー $i \in N$ に対し、関数 $\sigma_i : S_N \to \mathbb{R}$ が存在する。σ_i は s_j ($j \in N \setminus \{i\}$) について非減少であり、s_i について一定な関数となる。また、任意の $i \in N$ と任意の2つの戦略組 $s, \tilde{s} \in S_N$ に対し、もし $s_i = \tilde{s}_i$ かつ $\sigma_i(s) = \sigma_i(\tilde{s})$ が成立するのならば、$u_i(s) = u_i(\tilde{s})$ が成立する。

定義1 σ-相互作用ゲーム $\Gamma = (N, (S_i)_{i \in N}, (u_i)_{i \in N})$ が、「σ-戦略的代替性」(σ-strategic substitutes、σ-SS と略す) を満たすとは、任意の $x, y \in S_N$ と任意の $i \in N$ に対し、もし $z_i \in b_i(x)$、$w_i \in b_i(y)$ かつ $\sigma_i(x) < \sigma_i(y)$ が成立するならば、$w_i \leq z_i$ が成立することを言う。

σ-SS を満たすゲームでは、各プレイヤーの最適反応対応は、σ が与える戦略組の集計値に対して、非増加となる。

定義2 σ-相互作用ゲーム $\Gamma = [N, (S_i)_{i \in N}, (u_i)_{i \in N}]$ が、「σ-単一交差性」(σ-

---

[3] 本章の記号法は、Quartieri and Shinohara (2015) に準拠する。

single-crossing property、σ-SCP と略す）を満たすとは、任意の $x \in S_N$ と任意の $i \in N$ に対し、もし $x_i < y_i$、$\sigma_i(x) < \sigma_i(y)$ かつ $u_i(x) - u_i(y_i, x_{-i}) \geq 0$ が成立するならば、$u_i(x_i, y_{-i}) - u_i(y) > 0$ が成立することをいう。

σ-SS と σ-SCP は、ともに、戦略形ゲームの戦略的代替性を表す概念であるが、σ-SCP を満たすゲームは、σ-SS を満たすが、その逆は成立しないことに注意したい（例えば、後出の例1を参照のこと）。

定義3 σ-相互作用ゲーム $\Gamma = [N, (S_i)_{i \in N}, (u_i)_{i \in N}]$ が、「σ-増加外部性」（σ-increasing externalities、σ-IE と略す）を満たすとは、任意の $x, y \in S_N$、任意の $i \in N$ に対し、もし $x_i = y_i$ かつ $\sigma_i(x) \leq \sigma_i(y)$ が成立するならば、$u_i(x) \leq u_i(y)$ が成立することをいう。

$\Gamma = (N, (S_i)_{i \in N}, (u_i)_{i \in N})$ が、「σ-減少外部性」（σ-decreasing externalities、σ-DE と略す）を満たすとは、$[N, S_N, (-u_i)_{i \in N}]$ が σ-IE を満たすことである。$\Gamma = (N, (S_i)_{i \in N}, (u_i)_{i \in N})$ が「σ-単調外部性」（σ-monotone externalities、σ-ME と略す）を満たすとは、Γ が σ-IE もしくは σ-DE を満たすことをいう。

σ-相互作用ゲームおよび σ-SS と σ-ME の定義は、Quartieri and Shinohara（2015）に準拠する。経済分析において重要なゲームの中で、σ-SS と σ-ME の双方を満たし、純粋戦略ナッシュ均衡が複数存在するものは、Quartieri and Shinohara（2015）により紹介されている。

2.2 コアリション・プルーフ・ナッシュ均衡の先行結果

本稿では、純粋戦略のみをとるプレイヤーを考察する。

定義4 $\Gamma = (N, (S_i)_{i \in N}, (u_i)_{i \in N})$ を戦略形ゲームとする。戦略組 $s \in S_N$ が、「ナッシュ均衡」であるとは、任意のプレイヤー $i \in N$ に対し、$s_i \in b_i(s)$ が成立することをいう。ゲーム Γ のナッシュ均衡集合を E_N^{Γ} と記述する。

コアリション・プルーフ・ナッシュ均衡の定義の準備として、制限ゲームを導入する。

定義5 戦略形ゲーム $\Gamma = (N, (S_i)_{i \in N}, (u_i)_{i \in N})$ の提携 $C \in 2^N \setminus \{\emptyset\}$ と戦略組 $s \in S_N$ における「制限ゲーム」とは、$\Gamma|s_{-C} = (C, (S_i)_{i \in C}, (\tilde{u}_i)_{i \in C})$ となる戦

略形ゲームであり、プレイヤー集合は C、戦略組の集合は S_C、各プレイヤー $i \in C$ の利得関数 $\tilde{u}_i : S_C \to \mathbb{R}$ は、任意の $t_C \in S_C$ に対し、$\tilde{u}_i(t_C) = u_i(t_C, s_{-C})$ を満たす。

本稿では、戦略間の支配関係として、強パレート支配関係を用いる。今後は単に、これを「パレート支配」と呼ぶ。

定義6 戦略形ゲーム $\Gamma = (N, (S_i)_{i \in N}, (u_i)_{i \in N})$ において、ある戦略組 $s \in S_N$ が、別の戦略組 $z \in S_N$ を「パレート支配」(Pareto dominate) するとは、任意の $i \in N$ に対し $u_i(z) < u_i(s)$ が成立することをいう。ナッシュ均衡のうち、他のナッシュ均衡にパレート支配されないものを「パレート精緻化ナッシュ均衡」と呼び、その集合を sF_N^Γ と記述するものとする。

定義7は、Bernheim *et al.* (1987) により導入されたコアリション・プルーフ均衡である。この均衡概念は、プレイヤー数について帰納的に定義される。

定義7

1) $|N| = 1$ が成立する戦略形ゲーム $\Gamma = (N, (S_i)_{i \in N}, (u_i)_{i \in N})$ において、戦略組 $s \in S_N$ が、「コアリション・プルーフ・ナッシュ均衡」であるとは、$s \in E_N^\Gamma$ が成立することである。

2) $|N| \geq 2$ を仮定する。また、プレイヤー数が $|N|$ 人未満となる Γ のすべての制限ゲームに対し、コアリション・プルーフ均衡が、すでに定義されたものと仮定する。このとき、

　(a) 戦略組 $s \in S_N$ が、Γ において自己拘束的 (self-enforcing for Γ) であるとは、任意の $C \subset N$ に対し、s_C が制限ゲーム $\Gamma|s_{-C}$ のコアリション・プルーフ均衡であることをいう。

　(b) 戦略組 $s \in S_N$ が、Γ のコアリション・プルーフ・ナッシュ均衡であるとは、s が Γ において自己拘束的であり、かつ、s は、他の Γ の自己拘束的な戦略組にパレート支配されないことである。

　Γ におけるコアリション・プルーフ・ナッシュ均衡集合を、E_{CPN}^Γ と記述する。

コアリション・プルーフ・ナッシュ均衡集合とパレート精緻化ナッシュ均衡集合は、その定義から、ナッシュ均衡の部分集合となる。仮に、これが真部分集合となれば、これらの均衡によって、ナッシュ均衡による分析を精緻化することが可能である。

本稿における参照ポイントとして、Quartieri and Shinohara（2015）の定理1と系2を、次に紹介する。

結果　（Quartieri and Shinohara, 2015）σ-SS および σ-ME を満たす σ-相互作用ゲームにおいて、
1）ナッシュ均衡集合、コアリション・プルーフ・ナッシュ均衡集合、パレート精緻化ナッシュ均衡集合は、すべて一致する。
2）各プレイヤーの最適反応対応が単価であるならば、ナッシュ均衡集合と弱パレート支配関係により定義されたコアリション・プルーフ・ナッシュ均衡集合は、一致する[4]。

以上から、σ-SS と σ-ME を満たす σ-相互作用ゲームでは、コアリション・プルーフ・ナッシュ均衡が、ナッシュ均衡の一部を選択することは、不可能である。

2.3 離脱制限付きの提携均衡

本項では、離脱制限付きの提携均衡を導入する。これまでの議論では、ゲームに存在するすべての提携が離脱可能であったが、離脱制限付きの提携均衡では、一部の提携のみが離脱可能であり、さらに、この提携が実行可能な離脱戦略は、何らかの「自己拘束性」を満たしたもののみとなる。

まずは、戦略形ゲーム $\Gamma = (N, (S_i)_{i \in N}, (u_i)_{i \in N})$ において離脱可能な提携の集合を $\mathcal{C}$ $(\mathcal{C} \subseteq 2^N \setminus \{\emptyset\})$ と記述する。次に、各提携 $D \in \mathcal{C}$ が、戦略組 $s \in S_N$ からの離脱に際し、実行可能な戦略集合を R_D^s $(R_D^s \subseteq S_D)$ と記述する。記号の簡略化のため、$\mathcal{R}_D \equiv (R_D^s)_{s \in S_N}$ と $\mathcal{R}_\mathcal{C} \equiv (\mathcal{R}_D)_{D \in \mathcal{C}}$ と定義する。以下では、$(\mathcal{C}, \mathcal{R}_\mathcal{C})$ を「実行可能な離脱集合」と呼ぶ。

---

[4] 定義7におけるパレート支配関係を、弱パレート支配関係に置き換え、コアリション・プルーフ・ナッシュ均衡を再定義することは可能である。これについては、本書第1章を参照されたい。

定義 8 戦略形ゲーム $\Gamma = (N, (S_i)_{i \in N}, (u_i)_{i \in N})$ において、$(\mathcal{C}, \mathcal{R}_\mathcal{C})$ を実行可能な離脱集合とする。このとき、戦略組 $s \in S_N$ が、「$(\mathcal{C}, \mathcal{R}_\mathcal{C})$-提携均衡」($(\mathcal{C}, \mathcal{R}_\mathcal{C})$-coalitional equilibrium) であるとは、任意の $i \in T$ に対し $u_i(\tilde{s}_T, s_{-T}) > u_i(s)$ が成立するような、$T \in \mathcal{C}$ および $\tilde{s}_T \in R^s_T$ が存在しないことをいう。$(\mathcal{C}, \mathcal{R}_\mathcal{C})$-提携均衡の集合を $E^\Gamma_{(\mathcal{C}, \mathcal{R}_\mathcal{C})}$ と記述する。

次に、実行可能な提携離脱が満たす条件を導入する。非協力ゲームでは、個々のプレイヤーの単独の意思決定が想定されているため、離脱の際にも、これは許容されるべきである。

定義 9 $(\mathcal{C}, \mathcal{R}_\mathcal{C})$ が、「個人離脱性」(individual deviation property) を満たすとは、任意の $i \in N$ と任意の $s \in S$ に対し、$\{i\} \in \mathcal{C}$ および $R^s_{\{i\}} = S_{\{i\}}$ が成立することをいう。

実行可能な離脱集合が、個人離脱性を満たす場合、個々のプレイヤーは、任意の戦略組から単独離脱することが可能である。

個々のプレイヤーによる単独の意思決定が可能であるならば、複数のプレイヤーが合意し提携離脱を行う場合、提携メンバー各々が合意にしたがう誘因を持たなければならないだろう。次に導入する「ナッシュ安定性」は、いかなる提携離脱も、個々の提携メンバーの単独離脱により、反故にされない条件である。

定義 10 $(\mathcal{C}, \mathcal{R}_\mathcal{C})$ が、「ナッシュ安定」(Nash stable) であるとは、任意の $D \in \mathcal{C}$ および任意の $s \in S_N$ に対し、

$$R^s_D \subseteq E^{\Gamma|s-D}_N \equiv \{s'_D \in S_D | \ \forall i \in D, \forall s''_i \in S_i, u_i(s'_D, s_{-D}) \geq u_i(s''_i, s'_{D \setminus \{i\}}, s_{-D})\}$$

が、満たされることをいう。ナッシュ安定な $(\mathcal{C}, \mathcal{R}_\mathcal{C})$ を、今後、$(\mathcal{C}, \mathcal{R}^{NS}_\mathcal{C})$ と記述する。

実行可能な提携離脱がナッシュ安定性を満たす場合、対応する制限ゲームのナッシュ均衡が離脱戦略として採用されるため、個々の提携メンバーが、離脱に関する事前合意を反故にする誘因を持たない。3名以上のプレイヤーで離脱する場合、2名以上の提携メンバーが同時に合意を破る可能性もある

が、ナッシュ安定性は、これを不問としている。そのため、ナッシュ安定性は、提携離脱の実行可能性の最低限の条件として位置づけることが可能である。

定義11 $(\mathcal{C}, \mathcal{R}_\mathcal{C})$ が、「不可逆的」（irreversible）であるとは、任意の $D \in \mathcal{C}$ および任意の $s \in S_N$ に対し、

$$R_D^s \subseteq \{s_D' \in S_D \mid \forall i \in D, u_i(s_D', s_{-D}) \geq u_i(s_i, s_{D\setminus\{i\}}', s_{-D})\}$$

が成立することである。不可逆的な $(\mathcal{C}, \mathcal{R}_\mathcal{C})$ を、今後、$(\mathcal{C}, \mathcal{R}_\mathcal{C}^{IR})$ と記述する。

不可逆的な提携離脱では、提携 D が s_D から s_D' へ離脱した後に、どのメンバー $i \in D$ も、離脱戦略 s_i' から離脱前の戦略 s_i に戻す誘因を持たない。これは、離脱前の戦略に対してのみ安定性を要求するので、$(\mathcal{C}, \mathcal{R}_\mathcal{C})$ がナッシュ安定的ならば、不可逆的でもあるが、不可逆的な $(\mathcal{C}, \mathcal{R}_\mathcal{C})$ は、必ずしもナッシュ安定的ではない。

既存の均衡概念と $(\mathcal{C}, \mathcal{R}_\mathcal{C})$- 提携均衡の関係は、命題1のとおりである。

命題1 戦略形ゲーム Γ における離脱可能集合を $(\mathcal{C}, \mathcal{R}_\mathcal{C})$ とする。

1) もし $(\mathcal{C}, \mathcal{R}_\mathcal{C})$ が個人離脱性を満たすならば、$E_{(\mathcal{C}, \mathcal{R}_\mathcal{C})}^\Gamma \subseteq E_N^\Gamma$ が成立する。さらに、$\mathcal{C} = \{\{j\} \mid j \in N\}$ が成立するならば、$E_{(\mathcal{C}, \mathcal{R}_\mathcal{C})}^\Gamma = E_N^\Gamma$ が成立する。

2) もし $\mathcal{C} = 2^N \setminus \{\emptyset\}$ かつ任意の $D \in \mathcal{C}$ および任意の $s \in S_N$ に対し $R_D^s = S_D$ が成立するならば、$(\mathcal{C}, \mathcal{R}_\mathcal{C})$-提携均衡は、強ナッシュ均衡（Aumann, 1959）に等しい[5]。

3) もし $\mathcal{C} = \{N, \{j\}_{j \in N}\}$ かつ任意の $D \in \mathcal{C}$ および任意の $s \in S_N$ に対し、$R_N^s = E_N^{\Gamma|s_{-D}}$ が成立するならば、$E_{(\mathcal{C}, \mathcal{R}_\mathcal{C})}^\Gamma = sF_N^\Gamma$ が成立する。

4) もし $\mathcal{C} = 2^N \setminus \{\emptyset\}$ かつ任意の $D \in \mathcal{C}$ および任意の $s \in S_N$ に対し $R_D^s = E_N^{\Gamma|s_{-D}}$ が成立するならば、$(\mathcal{C}, \mathcal{R}_\mathcal{C})$-提携均衡は、半強ナッシュ均衡（Kaplan, 1992; Milgrom and Roberts, 1994）に等しく、$E_{(\mathcal{C}, \mathcal{R}_\mathcal{C})}^\Gamma \subseteq E_{CPN}^\Gamma$ が成立する[6]。

---

5) 戦略組 $s \in S_N$ が、強ナッシュ均衡であるとは、任意の $i \in D$ に対し $u_i(s) < u_i(\bar{s}_D, s_{-D})$ が成立するような $(D, \bar{s}_D) \in (2^N \setminus \{\emptyset\}) \times S_D$ が存在しないことである。

5）もし $\mathcal{C} = 2^N \setminus \{\emptyset\}$ かつ任意の $D \in \mathcal{C}$ および任意の $s \in S_N$ に対し $R_D^s = \{s_D' \in S_D |\ \forall i \in D,\ u_i(s_D', s_{-D}) \geq u_i(s_i, s_{D \setminus \{i\}}', s_{-D})\}$ が成立するならば、$(\mathcal{C}, \mathcal{R}_\mathcal{C})$-提携均衡は、近強ナッシュ（Rozenfeld and Tennenholz, 2010）に等しく、$E_{(\mathcal{C}, \mathcal{R}_\mathcal{C})}^\Gamma \subseteq E_{CPN}^\Gamma$ が成立する[7]。

証明 1)-3)は、個人離脱性条件から自明である。

4）$D \in \mathcal{C}$ と $s \in E_{(\mathcal{C}, \mathcal{R}_\mathcal{C})}^\Gamma$ を仮定する。まず、$R_D^s = E_N^{\Gamma | s_{-D}}$ を仮定する。コアリション・プルーフ・ナッシュ均衡（定義7）で定義される提携 D の自己拘束的な離脱集合は、$E_N^{\Gamma | s_{-D}}$ の部分集合であることから、ただちに $E_{(\mathcal{C}, \mathcal{R}_\mathcal{C})}^\Gamma \subseteq E_{CPN}^\Gamma$ を得る。

5）$R_D^s = \{s_D' \in S_D |\ \forall i \in D, u_i(s_D', s_{-D}) \geq u_i(s_i, s_{D \setminus \{i\}}', s_{-D})\}$ を仮定する。$E_N^{\Gamma | s_{-D}} \subseteq R_D^s$ が成立することに注意すれば、定義7で定義される提携 D の自己拘束的な離脱集合は、R_D^s の部分集合であることが分かる。以上により、$(\mathcal{C}, \mathcal{R}_\mathcal{C})$-提携均衡は、コアリション・プルーフ・ナッシュ均衡で定義される自己拘束的な提携離脱に対し頑健である。■

本節の最後に、Milgrom and Roberts（1996）が導入した制限付きの提携離脱との関係を述べる。Milgrom and Roberts（1996）は、コアリション・プルーフ・ナッシュ均衡に、「提携コミュニケーション構造」(coalition communication structure、以降「CCS」と略す）を導入し、提携離脱に制約を加えた。CCSは、次のようにモデル化される。m を正の自然数とし、$C_m \subseteq ... \subseteq C_1 \subseteq N$ が満たされるような提携の有限列 $\sigma = (C_1, ..., C_m)$ を定義する。この有限列は、提携離脱の順番を規定し、ある戦略組からの離脱に際し、まず、提携 C_1 が離脱し、提携 C_1 の後に、その内部提携 C_2 が、さらに離脱し、C_2 の離脱の後には、その内部提携である C_3 による再々離脱が行われ、同様の離脱過程が C_m まで繰り返されることを表す。この有限列の集合が CCS であり、Σ で記述される。Milgrom and Roberts（1996）では、この有限列で規定される提携離脱の順番に基づき、帰納的にコアリション・プルーフ・ナッシュ均

---

[6] 戦略組 $s \in S_N$ が、半強ナッシュ均衡であるとは、任意の $i \in D$ に対し $u_i(s) < u_i(\tilde{s}_D, s_{-D})$ が成立するような $(D, \tilde{s}_D) \in (2^N \setminus \{\emptyset\}) \times E_N^{\Gamma | s_{-D}}$ が存在しないことである。

[7] 戦略組 $s \in S_N$ が、近強ナッシュ均衡であるとは、任意の $i \in D$ に対し、$u_i(s) < u_i(\tilde{s}_D, s_{-D})$ かつ $u_i(\tilde{s}_D, s_{-D}) \geq u_i(\tilde{s}_{D \setminus \{i\}}, s_{-D \cup \{i\}})$ が成立するような $(D, \tilde{s}_D) \in (2^N \setminus \{\emptyset\}) \times S_D$ が存在しないことである。

衡が定義される。定義7のコアリション・プルーフ・ナッシュ均衡との違いは、定義7では、各提携は、そのすべての内部提携の離脱に対し頑健な離脱戦略をとらなければならないが、Milgrom and Roberts（1996）では、Σ が規定する内部提携に対してのみ頑健な離脱戦略をとれば十分である。ただし、定義7と同様に、Milgrom and Roberts（1996）が定義する均衡においても、各提携がとる自己拘束的な離脱戦略は、制限ゲームにおけるナッシュ均衡でなければならない。このことから、Σ に属するすべての提携列の第1要素によって $\mathscr{C}$ を構築する、つまり、$\mathscr{C} = \{D \subseteq N \mid \exists \sigma \in \Sigma,\ \sigma_1 = D\}$ とし、任意の $s \in S_N$ と $D \in \mathscr{C}$ に対し、$R_D^s = E_N^{\Gamma[s-D]}$ と定義すれば、$(\mathscr{C}, \mathscr{R}_\mathscr{C})$-提携均衡は、Milgrom and Roberts（1996）の均衡でもある。

3．分析結果

補題1は、命題2と3の証明で用いる。

補題1 戦略形ゲーム $\Gamma = (N, (S_i)_{i \in N}, (u_i)_{i \in N})$ について、$s \in E_N^\Gamma$ および $\tilde{s} \in S_N$ を仮定する。

1）Γ が σ-IE を満たし、すべての $i \in N$ について $u_i(\tilde{s}) > u_i(s)$ が満たされるならば、すべての $i \in N$ について $\sigma_i(s) < \sigma_i(\tilde{s})$ が成立する。

2）Γ が σ-DE を満たし、すべての $i \in N$ について $u_i(\tilde{s}) > u_i(s)$ が満たされるならば、すべての $i \in N$ について $\sigma_i(s) > \sigma_i(\tilde{s})$ が成立する。

証明 1）のみ証明する。2）も同様に証明可能である。背理法の仮定として、あるプレイヤー $j \in N$ が存在し、$u_j(\tilde{s}) > u_j(s)$ かつ $\sigma_j(s) \geq \sigma_j(\tilde{s})$ が成立するものとする。このプレイヤー j に対し、$s \in E_N^\Gamma$ により、$u_j(s) \geq u_j(\tilde{s}_j, s_{-j})$ が成立する。また、σ_j が、プレイヤー j の戦略に対し不変であるので、$\sigma_j(s) = \sigma_j(\tilde{s}_j, s_{-j}) \geq \sigma_j(\tilde{s})$ が成立する。この条件および σ-IE から、$u_j(\tilde{s}_j, s_{-j}) \geq u_j(\tilde{s})$ を得る。結果、$u_j(\tilde{s}) \leq u_j(s)$ が成立し、これは、$u_j(\tilde{s}) > u_j(s)$ に矛盾する。■

本補題は、σ-ME が満たされるならば、σ-SS が満たされないゲームに対しても、適用可能である。

3.1 提携均衡とナッシュ安定性

命題2 σ-SS および σ-ME を満たす σ-相互作用ゲーム $\Gamma = (N, (S_i)_{i \in N}, (u_i)_{i \in N})$ において、$(\mathcal{C}, \mathcal{R}_\mathcal{C})$ が個人離脱性およびナッシュ安定性を満たすならば、$E^\Gamma_{(\mathcal{C}, \mathcal{R}_\mathcal{C})} = E^\Gamma_N$ が成立する。

証明 σ-IE が満たされる場合を考察する。σ-DE が成立する場合も同様に証明可能である。命題1-1) より $E^\Gamma_{(\mathcal{C}, \mathcal{R}_\mathcal{C})} \subseteq E^\Gamma_N$ が満たされる。次に、$E^\Gamma_N \subseteq E^\Gamma_{(\mathcal{C}, \mathcal{R}_\mathcal{C})}$ を証明する。背理法を用い、$s \in E^\Gamma_N \setminus E^\Gamma_{(\mathcal{C}, \mathcal{R}_\mathcal{C})}$ を満たす戦略組 s が存在するものと仮定する。このとき、提携 $D \in \mathcal{C}$ とその離脱戦略 $\tilde{s}_D \in E^{\Gamma|s_{-D}}_N$ が存在し、任意の $i \in D$ に対して $u_i(\tilde{s}_D, s_{-D}) > u_i(s)$ が成立する。補題1から、任意の $i \in D$ に対して $\sigma_i(\tilde{s}_D, s_{-D}) > \sigma_i(s)$ を得る。σ_i は、$s_j (j \in N)$ について非減少であることから、$\tilde{s}_k > s_k$ を満たす $k \in D$ が存在する。一方で、$s \in E^\Gamma_N$ および $\tilde{s}_D \in E^{\Gamma|s_{-D}}_N$ より、$s_k \in b_k(s)$ および $\tilde{s}_k \in b_k(\tilde{s}_D, s_{-D})$ が成立する。σ-SS を適用し、$\sigma_k(\tilde{s}_D, s_{-D}) > \sigma_k(s)$、$s_k \in b_k(s)$ および $\tilde{s}_k \in b_k(\tilde{s}_D, s_{-D})$ から、$\tilde{s}_k \leq s_k$ を得る。これは、$\tilde{s}_k > s_k$ に矛盾する。∎

命題2から、σ-SS および σ-ME が満たされるゲームでは、ナッシュ均衡が存在する限りにおいては、個人離脱性およびナッシュ安定性を満たす $(\mathcal{C}, \mathcal{R}_\mathcal{C}^{NS})$-提携均衡は、ナッシュ均衡を精緻化しない。半強ナッシュ均衡は、コアリション・プルーフ・ナッシュ均衡よりも強い安定性を満たす均衡であり、個人離脱性条件およびナッシュ安定性を満たす提携均衡の一例である（命題1参照）。コアリション・プルーフ・ナッシュ均衡よりも強い安定性を満たす提携均衡であっても、個人離脱性条件およびナッシュ安定性が満たされる限りにおいては、ナッシュ均衡を精緻化しないことが明らかとなった。

命題2が成立する直感的な理由は、次のとおりである。離脱可能な提携離脱において、すべての提携メンバーの利得を改善するためには、σ-IE が満たされる場合、提携メンバーはすべて、戦略を増加させなければならない（補題1参照）。これとは対照的に、ゲームの戦略的代替性から、各提携メンバーは、他のメンバーが戦略を増加した場合、自分の戦略を減ずる誘因を持つ。このことから、提携メンバーの利得を改善する離脱とナッシュ安定的な離脱は相容れないことになる。

3.2 提携均衡と不可逆性

次に、ナッシュ安定性を満たす均衡よりも強い提携均衡によって、ナッシュ均衡の精緻化が可能か否かを検証する。本節では、不可逆性に注目する。

命題3 σ-SCP および σ-ME を満たす相互作用ゲーム $\Gamma = (N, (S_i)_{i \in N}, (u_i)_{i \in N})$ において、$(\mathcal{C}, \mathcal{R}_\mathcal{C})$ が個人離脱性および不可逆性を満たすならば、$E^\Gamma_{(\mathcal{C}, \mathcal{R}_\mathcal{C})} = E^\Gamma_N$ が成立する。

証明 σ-IE が成立するケースのみ証明する。σ-DE の場合も同様に証明可能である。命題1-1)により、$E^\Gamma_{(\mathcal{C}, \mathcal{R}_\mathcal{C})} \subseteq E^\Gamma_N$ が成立する。逆の包含関係を背理法で示すため、$s \in E^\Gamma_N \setminus E^\Gamma_{(\mathcal{C}, \mathcal{R}_\mathcal{C})}$ が存在するものとする。したがって、① $u_i(\tilde{s}_D, s_{-D}) > u_i(s)$ かつ ② $u_i(\tilde{s}_D, s_{-D}) \geq u_i(s_i, \tilde{s}_{D \setminus \{i\}}, s_{-D})$ が満たされるような、提携 $D \in \mathcal{C}$ と戦略組 $\tilde{s}_D \in R^s_D$ が存在する。補題1および①から、任意の $i \in D$ に対して $\sigma_i(s) < \sigma_i(\tilde{s}_D, s_{-D})$ が成立する。この条件から、$s_k < \tilde{s}_k$ を満たす $k \in D$ が存在する。s はナッシュ均衡であるので、$u_k(s) - u_k(\tilde{s}_k, s_{-k}) \geq 0$ が成立するが、σ-SCP により、$u_k(s_k, \tilde{s}_{D \setminus \{k\}}, s_{-D}) - u_k(\tilde{s}_D, s_{-D}) > 0$ を得る。これは、②と矛盾する。■

命題3より、σ-SCP および σ-ME を満たすゲームにおいて、個人離脱性および不可逆性を満たす提携均衡は、ナッシュ均衡を精緻化しない。ただし、σ-SCP は、σ-SS よりも強い条件であり、σ-SS を満たす一方で σ-SCP を満たさないゲームでは、個人離脱性および不可逆性を満たす提携均衡が、ナッシュ均衡を精緻化する可能性は残されている。例1では、その可能性を示す。

例1 $N = \{1, 2\}$ とし、任意のプレイヤー $i \in N$ に対し、$S_i = [0, 5.6]$ および

$$u_i(s_i, s_j)$$
$$= \begin{cases} 10 - s_i - s_j & \text{if } s_i \in [0, 1] \\ \dfrac{2}{9 - s_j} s_i + \dfrac{79 - 18 s_j + s_j^2}{9 - s_j} & \text{if } s_i \in [1, \min\{10 - s_j, 5.6\}] \\ 10 - s_j & \text{if } s_i \in (\min\{10 - s_j, 5.6\}, 5.6] \text{ and } s_j > 4.4 \end{cases} \quad (1)$$

となる $\Gamma = (N, (S_i)_{i \in N}, (u_i)_{i \in N})$ を考察する。

また、$\mathcal{C} = \{\{1\}, \{2\}, \{1, 2\}\}$ とし、任意の $s \in S_N$ に対して $R^s_N = \{s' \in S_N | \forall i \in N, u_i(s') \geq u_i(s_i, s'_{N \setminus \{i\}})\}$ を仮定する。図2-1と図2-2は、(1)で定義され

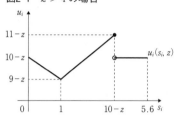
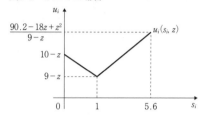

るプレイヤー i の利得関数 u_i の $s_j = z$ における断面を示す。

事実1 例1のゲームにおいて、各戦略組 $s \in S_N$ に対し、$\sigma_1(s) = s_2$ および $\sigma_2(s) = s_1$ と定義する。このとき、このゲームは σ-SS および σ-DE を満たすが、σ-SCP を満たさない。

事実2 例1のゲームでは、$\emptyset \neq E^\Gamma_{(\mathscr{C},\mathscr{R}_\sigma)} \subsetneq E^\Gamma_N$ が成立する。

事実1と事実2の証明は、補遺を参照のこと。

命題2は、例1のゲームにも適用でき、ナッシュ安定な提携均衡は、ナッシュ均衡を精緻化しない。それゆえ、コアリション・プルーフ・ナッシュ均衡も半強ナッシュ均衡も、ナッシュ均衡を精緻化することはない。また、弱パレート支配関係に基づくコアリション・プルーフ・ナッシュ均衡は、ナッシュ均衡集合を精緻化しない[8]。さらに、本ゲームには、強ナッシュ均衡も存在しない。結果、このゲームでは、既存の均衡はナッシュ均衡分析を精緻化しないが、個人離脱性および不可逆性を満たす提携均衡はナッシュ均衡分析を精緻化する[9]。

---

8) 補遺の事実1の証明中の(2)より、プレイヤーの最適反応対応は、単価となる。この事実と Quartieri and Shinohara (2015) の系2から、弱パレート支配関係に基づくコアリション・プルーフ・ナッシュ均衡集合は、ナッシュ均衡集合に一致する。

9) ちなみに、例1のゲームのすべてのナッシュ均衡は、厳密なナッシュ均衡 (strict Nash equilibrium) であるため、Selten (1975) の完全均衡および Okada (1981) の強完全均衡でもある。したがって、プレイヤーの摂動性を利用した均衡精緻化でも、一部のナッシュ均衡を選び出すことはできない。

4. 結 語

　本稿では、離脱制限付きの提携均衡が、σ-SS と σ-ME を満たすゲームのナッシュ均衡を精緻化するか否かを検証した。本稿で導入した提携均衡は、既存の均衡概念を特殊例として表現できるため、分析は、既存の研究よりも、より包括的な枠組みのもと行われている。

　本稿では、とくに、ナッシュ安定性と不可逆性を満たす提携離脱に焦点を当てた。第一に、ナッシュ安定な提携均衡は、σ-SS と σ-ME を満たすゲームのナッシュ均衡を精緻化しないことを明らかにした。第二に、ナッシュ安定的な提携均衡よりも強い安定性を満たす、不可逆性を満たす提携均衡が、このゲームのナッシュ均衡を精緻化する可能性があることを示した。この可能性は、σ-SS を満たしながらも σ-SCP を満たさないゲームにおいて観察される。

　非協力ゲームにおける提携形成において、提携に属するどのメンバーも、特定の離脱戦略を他のメンバーに強制できない場合には、提携離脱が実現可能か否かは、それが自己拘束的か否かに依存する。非協力ゲームでは、離脱戦略がナッシュ安定的でなければならないことは、提携離脱の自己拘束性の「最低限の条件」と考えることができる。なぜならば、ナッシュ安定的でない提携離脱は、提携メンバーによる単独離脱を防ぐことができないからである。不可逆性は、この最低限の条件を満たさないので、不可逆性を満たす提携均衡がナッシュ均衡を精緻化する可能性があることは、非協力ゲーム環境において正当化し難い提携均衡を考察して初めて、ナッシュ均衡分析を精緻化することが可能であることを意味する。

補遺：各結果の証明

[事実1の証明]

主張1　各 $i \in N$ に対し、$S_i = [0, 5.6]$ であるならば、$10 - s_i - s_j$、$10 - s_j$、および、$\dfrac{2}{9 - s_j} s_i + \dfrac{79 - 18 s_j + s_j^2}{9 - s_j}$ は、s_j について減少する。

主張1証明　$10 - s_i - s_j$ と $10 - s_j$ については、明らかである。

$$\frac{2}{9-s_j}s_i+\frac{79-18s_j+s_j^2}{9-s_j}$$ を s_j で偏微分し、

$$\frac{\partial}{\partial s_j}\left(\frac{2}{9-s_j}s_i+\frac{79-18s_j+s_j^2}{9-s_j}\right)=\frac{2s_i-s_j^2+18s_j-83}{(9-s_j)^2}$$

を得る。$S_i = S_j = [0, 5.6]$ であることから、$2s_i-s_j^2+18s_j-83$ は、$(s_i, s_j) =$ (5.6, 5.6) において、最大化され、最大値は -2.36 である。したがって、
$$\frac{2}{9-s_j}s_i+\frac{79-18s_j+s_j^2}{9-s_j}$$ は、s_j の減少関数となる。(主張1証明終わり)

まず、σ-DE が満たされることを証明する。そのために、$s_i = x \in S_i$ とし、$s_j', s_j'' \in S_j$ が、$s_j'' < s_j'$ を満たすものとして、$u_i(x, s_j'') \geq u_i(x, s_j')$ が成立することを証明する。まず、

$$1 < \min\{10-s_j', 5.6\} \leq \min\{10-s_j'', 5.6\}$$

が成立し、2番目の不等式が等号となるのは、$s_j' \leq 4.4$ が満たされているときであることに注意する。主張1により、もし $x \in [0,1] \cup [1, \min\{10-s_j', 5.6\}]$ $\cup (\min\{10-s_j'', 5.6\}, 5.6]$ ならば、$u_i(x, s_j') < u_i(x, s_j'')$ が成立する。それは、各 $z \in \{s_j', s_j''\}$ に対し、

$$u_i(x, z) = \begin{cases} 10-x-z & \text{if} \quad x \in [0, 1] \\ \dfrac{2}{9-z}x+\dfrac{79-18z+z^2}{9-z} & \text{if} \quad x \in [1, \min\{10-s_j', 5.6\}] \\ 10-z & \text{if} \quad x \in (\min\{10-s_j'', 5.6\}, 5.6] \end{cases}$$

が成立するからである。もし $x \in (\min\{10-s_j', 5.6\}, \min\{10-s_j'', 5.6\}]$ であるならば、

$$u_i(x, s_j') = 10-s_j' \text{ かつ } u_i(x, s_j'') = \frac{2}{9-s_j''}x+\frac{79-18s_j''+(s_j'')^2}{9-s_j''}$$

となる。s_j' を $s_j' = s_j''+d$ $(d > 0)$ と表記すれば、$s_j'' \leq 5.6$ により、

$$u_i(x,s_j'') - u_i(x,s_j') = \frac{-11 + s_j'' + 2x + d(9-s_j'')}{9-s_j''}$$

$$> \frac{-11 + s_j'' + 2\min\{10-s_j', 5.6\} + d(9-s_j'')}{9-s_j''}$$

となる。$\min\{10-s_j', 5.6\} = 10-s_j'$ の場合には、

$$\frac{-11 + s_j'' + 2\min\{10-s_j', 5.6\} + d(9-s_j'')}{9-s_j''} = \frac{9-s_j'' + d(7-s_j'')}{9-s_j''} > 0$$

となり、それ以外の場合には、

$$\frac{-11 + s_j'' + 2\min\{10-s_j', 5.6\} + d(9-s_j'')}{9-s_j''} = \frac{0.2 + s_j'' + d(9-s_j'')}{9-s_j''} > 0$$

となる。結果、σ-DE が満たされることが示された。

次に、σ-SS が満たされることを示す。$i, j \in N$ を異なるプレイヤーとし、$s \in S_N$ を任意の戦略組とする。図2-1から、もし $s_j \in (4.4, 5.6)$ であるならば、$u_i(s_i, s_j)$ は、$s_i = 10-s_j$ において最大化されることが分かる。もし $s_j \in [0, 4.4]$ であるならば、$u_i(s_i, s_j)$ の極大値は、$s_i = 0$ または $s_i = 5.6$ で与えられることが、図2-2から分かるが、

$$u_i(5.6, s_j) - u_i(0, s_j) = \frac{0.2 + s_j}{9-s_j} > 0$$

が成り立つことから、最大値は、$s_i = 5.6$ においてのみ実現する。以上から、プレイヤー i の最適反応対応は、(2)のように定まり、σ-SS が満たされることが分かる。

$$b_i(s) = \begin{cases} \{10-s_j\} & (s_j \in (4.4, 5.6])\text{の場合}) \\ \{5.6\} & (\text{その他の場合}) \end{cases} \quad (2)$$

最後に、σ-SCP が満たされないことを確認する。計算により、$u_1(5.2, 4.5) = u_1(5.4, 4.5) = 5.5$ および $u_1(5.2, 5) = u_1(5.4, 5) = 5$ が成立し、したがって、$u_1(5.2, 4.5) - u_1(5.4, 4.5) = u_1(5.2, 5) - u_1(5.4, 5) = 0$ が成り立つことを確認できる。これは、σ-SCP が満たされないことを示している。■

［事実2の証明］

(2)式より、ナッシュ均衡集合は、次のように特定される。

$$E_N^{\Gamma} = \{(s_1, s_2) \mid s_1 + s_2 = 10 \text{ かつ } \forall i \in N, 4.4 \leq s_i \leq 5.6\}$$

まず、ナッシュ均衡 $e^* \equiv (5, 5)$ が、$(\mathscr{C}, \mathscr{R}_{\mathscr{C}})$-提携均衡ではないことを示す。このナッシュ均衡における利得は、$u_i(e^*) = 6$ $(i = 1, 2)$ となる。仮に、プレイヤー 1 と 2 が、e^* から $e \equiv (0, 0)$ へ提携離脱すると、プレイヤーの利得は、$u_i(e) = 10$ $(i = 1, 2)$ となる。この離脱の後に、プレイヤー 1 が $e_1^* = 5$ へ戦略を再離脱した場合、$u_1(e_1^*, e_2) = 89/9$ となる。これは、プレイヤー 2 についても同様である。ゆえに、どのプレイヤーも、e_i^* に戻る誘因は存在しないため、e^* は、$(\mathscr{C}, \mathscr{R}_{\mathscr{C}})$-提携均衡ではない。

次に、ナッシュ均衡 $e^{**} \equiv (4.4, 5.6)$ が、$(\mathscr{C}, \mathscr{R}_{\mathscr{C}})$-提携均衡であることを示す。$e^{**}$ におけるプレイヤーの利得は、$(u_1(e^{**}), u_2(e^{**})) = (5.4, 6.6)$ となる。e^{**} からの提携離脱を $\tilde{s} \in S_N$ と記述し、$u_i(\tilde{s}) > u_i(e^{**})$ $(i = 1, 2)$ が満たされるものとする。対象のゲームは、σ-DE を満たすため、補題 1 から、$e_i^{**} > \tilde{s}_i$ $(i = 1, 2)$ が成立する。結果、

$$\tilde{s}_i < e_i^{**} = 10 - e_j^{**} < 10 - \tilde{s}_j \quad (i = 1, 2, i \neq j) \tag{3}$$

を得る。

主張 2 もし $i, j \in N$ かつ $i \neq j$ について $\tilde{s}_i \in [1, \min\{10 - \tilde{s}_j, 5.6\}]$ が成立するならば、$u_i(e_i^{**}, \tilde{s}_j) > u_i(\tilde{s})$ が成立する。

主張 2 証明 式 (3) より、$e_i^{**} \in [1, \min\{10 - \tilde{s}_j, 5.6\}]$ が成立する。したがって、$x \in \{e_i^{**}, \tilde{s}_i\}$ に対し、

$$u_i(x, \tilde{s}_j) = \frac{1}{9 - \tilde{s}_j}(2x + 79 - 18\tilde{s}_j + (\tilde{s}_j)^2)$$

が成立する。また、$e_i^{**} > \tilde{s}_i$ であることから、$u_i(e_i^{**}, \tilde{s}_j) > u_j(\tilde{s})$ が成立する。(主張 2 証明終わり)

主張 3 もし $i, j \in N$ かつ $i \neq j$ について $\tilde{s}_i \in (\min\{10 - \tilde{s}_j, 5.6\}, 5.6]$ が成立するならば、$u_i(e_i^{**}, \tilde{s}_j) > u_i(\tilde{s})$ が成立する。

主張 3 証明 $e_1^{**} = 4.4 > \tilde{s}_1$ が成立することから、$(i, j) \neq (2, 1)$ であることに注意する (仮に、$(i, j) = (2, 1)$ が成立すると、区間 $(\min\{10 - \tilde{s}_j, 5.6\}, 5.6]$ は空となる)。今後は、$(i, j) = (1, 2)$ の場合を考察する。区間 $(\min\{10 - \tilde{s}_j, 5.6\}, 5.6]$ は

非空であることから、$\tilde{s}_2 \geq 4.4$ が成立し、さらに $\tilde{s}_2 \leq 5.6$ であることから、$\min\{10-\tilde{s}_2, 5.6\} \geq 4.4$ が成立する。$e_1^{**} = 4.4$ より、$e_1^{**} \in [1, \min\{10-\tilde{s}_2, 5.6\}]$ が成立し、したがって、

$$u_1(\tilde{s}) - u_1(e_1^{**}, \tilde{s}_2) = 10 - \tilde{s}_2 - \left(\frac{87.8 - 18\tilde{s}_2 + (\tilde{s}_2)^2}{9 - \tilde{s}_2}\right)$$
$$= \frac{2.2 - \tilde{s}_2}{9 - \tilde{s}_2} < 0$$

(主張 3 証明終わり)

主張 4 もし $\tilde{s} \in [0, 1]^2$ が成立するならば、$u_2(\tilde{s}_1, e_2^{**}) > u_2(\tilde{s})$ が成立する。

主張 4 証明 (1) 式より、$\tilde{s} \in [0, 1]^2$ ならば、$u_i(\tilde{s}) \in [8, 10]$ $(i = 1, 2)$ が成立する。$\tilde{s}_1 \leq 1$ より、

$$u_2(\tilde{s}) - u_2(\tilde{s}_1, e_2^{**}) = 10 - \tilde{s}_1 - \tilde{s}_2 - \left(\frac{90.2 - 18\tilde{s}_1 + (\tilde{s}_1)^2}{9 - \tilde{s}_1}\right)$$
$$= -\frac{0.2 + \tilde{s}_1 + \tilde{s}_2(9 - \tilde{s}_1)}{9 - \tilde{s}_1} < 0$$

を得る。(主張 4 証明終わり)

主張 2 から主張 4 により、提携メンバーの利得を上昇する離脱 $\tilde{s}$ には、少なくとも 1 名の提携メンバー k が存在し、離脱後に戦略を e_k^{**} へ戻す誘因を持つ。結果、$e^{**} \in E^\Gamma_{(\mathcal{C}, \mathcal{R}_\mathcal{C})}$ が成立する。

以上の分析により、$\emptyset \neq E^\Gamma_{(\mathcal{C}, \mathcal{R}_\mathcal{C})} \subsetneq E^\Gamma_N$ を得る。■

参考文献

Aumann, R. (1959) "Acceptable points in general cooperative n-person games," in: Tucker, A. W. and Luce, R. D. (eds.) *Contributions to the theory of games IV*, Princeton University Press, Princeton, pp.287-324.

Bernheim, B. D., B. Peleg and M. D. Whinston (1987) "Coalition-proof Nash equilibria I: Concepts," *Journal of Economic Theory*, 42: 1-12.

Ichiishi, T. (1981) "A social coalitional equilibrium existence lemma," *Econometrica*, 49: 369-377.

Kaplan, G. (1992) "Sophisticated outcomes and coalitional stability," M. Sc. Thesis, Department of Statistics, Tel Aviv University.

Laraki, R. (2009) "Coalitional equilibria of strategic games," cahier de recherche 2009-42, Ecole Polytechnique.

Milgrom, P. and J. Roberts (1994) "Strongly coalition-proof equilibria in games with strategic complementarities," mimeo, Stanford University.

Milgrom, P. and J. Roberts (1996) "Coalition-proofness and correlation with arbitrary communication possibilities," *Games and Economic Behavior*, 17: 113-128.

Okada, A. (1981) "On stability of perfect equilibrium points," *International Journal of Game Theory*, 10: 67-73.

Quartieri, F. and R. Shinohara (2015) "Coalition-proofness in a class of games with strategic substitutes," *International Journal of Game Theory*, 44: 785-813.

Rozenfeld, O. and M. Tennenholtz (2010) "Near-strong equilibria in network creation games," in: Saberi A. (ed.) *Internet and Network Economics, WINE 2010, Lecture Notes in Computer Science*, 6484, Springer, Berlin, Heidelberg, pp.339-353.

Selten, R. (1975) "Reexamination of the perfectness concept for equilibrium points in extensive games," *International Journal of Game Theory*, 4: 25-55.

Shinohara, R. (2005) "Coalition-proofness and dominance relation," *Economics Letters*, 89: 174-179.

Shinohara, R. (2010) "Coalition-proof Nash equilibrium of aggregative games," available at http://ryusukeshinohara.ehoh.net/wp/agg.pdf.

Yi, S.S. (1999) "On the coalition-proofness of the Pareto frontier of the set of Nash equilibria," *Games and Economic Behavior*, 26: 353-364.

Zhao, J. (1992) "The hybrid solutions of an N-person game," *Games and Economic Behavior*, 4: 145-160.

第Ⅱ部

応用理論分析

第3章

自発的な代表者交渉と公共財供給
戦略的委託と少数派および多数派の経済厚生

法政大学経済学部　篠原　隆介

1．はじめに

　本稿では、複数の地域に便益が及ぶ公共財の供給を、公共財の供給地域と受益地域の自発的な交渉により、実現する状況を考察する。本稿で考察対象とするのは、代表者交渉であり、投票により選出された各地域の代表者（地方議会議員や都道府県の首長）が、交渉を行うものである。本稿では、この交渉が、公共財供給により発生する便益を、どのように分配し、各地域の経済厚生にどのような影響を与えるのか、について検証する。

　本稿では、2つの地域が代表者交渉を行う状況を考察する。2地域のうち、一方は、公共財を供給する地域（今後これを「地域A」と呼ぶ）であり、他方は、その公共財から便益を享受する地域（今後これを「地域B」と呼ぶ）である。公共財を供給するのは、地域Aのみであるため、公共財供給モデルといえども、外部性は一方向的である。各地域は、投票で選出された代表者に交渉を委託し、代表者たちは、公共財の供給量とその金銭的補償について、交渉を行う。この交渉が合意にいたれば、その合意は遂行され、交渉が決裂した場合には、地域Aが単独で公共財供給を行う。

　この2地域の関係に類似するものは、現実世界に、多く存在するが、例え

ば、複数の地域を流れる河川の上流域と下流域の関係は、その一例である。上流域でダムや堰を建設すれば、その便益は、上流域のみならず下流域にも及ぶ。この場合、ダムや堰は、上下流域ともに便益をもたらす公共財としてとらえることが可能である。わが国では、ダム建設などの河川管理事業に関しては、その事業費用の分担を、関係自治体間の合議により決定する場合もあるようである[1]。また、別の例として、上流域での水質改善のための投資は、下流域にも便益をもたらすため、これも公共財である。

代表者交渉が、公共財供給および経済厚生に与える影響は、Segendorff (1998) や Besley and Coate (2003) をはじめとする多くの文献で検証されている。通常、公共財供給における交渉の役割は、関連する地域の間で発生する外部性を内部化し、よりパレート優位な配分を実現することである。いわゆる「コースの定理」(Coase, 1960) では、交渉の費用が無視できるほど小さく、公共財供給に関する決定権限が明確に定められおり、情報が対称であるという3条件が満たされるならば、交渉を通じて実現する資源配分がパレート効率となることが、主張されている。これに対し、代表者交渉に関する多くの先行研究では、代表者交渉が実現する資源配分は、コースの定理の前提条件が成立していたとしても、パレート非効率となることが明らかにされている。その理由は、代表者交渉は、各地域の代表者に委託されるため、誰が代表者になるかに依存して、交渉の帰結が異なる。そのため、各地域には、代表者を戦略的に選出し、その地域にとって有利になるような交渉の帰結を得るインセンティブが存在する。この戦略的な代表者選出のインセンティブが、交渉の帰結を歪め、パレート非効率な資源配分を実現する、というものである。この資源配分の非効率性の問題は、「戦略的委託問題」として知られている。

先行研究では、さまざまな公共財供給モデルにおいて、戦略的委託問題が、代表者交渉を通して実現する資源配分の効率性（つまり全経済の厚生）に与える影響を分析するが、交渉に参加する各地域の経済厚生に与える影響について分析するものは、多くはない。本稿で考察する公共財の供給地域と受益地域の間の代表者交渉に関しては、Gradstein (2004) が、戦略的委託問題

---

[1] これについては、Kobayashi and Ishida (2012) を参照のこと。

が各地域の経済厚生に与える影響を分析したが、受益地域の人口が供給地域の人口よりも少数となることを仮定し、受益地域は、交渉によって、常に、その厚生を悪化させる、いわば「少数派（受益地域）が交渉で割を食う」という結論を得ている。Gradstein（2004）の分析は、モデルの解が内点となる場合に限られるが、Shinohara（2018）によれば、Gradstein（2004）モデルの解は、端点となる場合も多く存在する。そのため、各地域の経済厚生に与える影響を、厳密に測定するためには、Gradstein（2004）の分析を拡張し、その結果の頑健性を確認する必要があるが、Shinohara（2018）では、これが行われていない。本稿では、Shinohara（2018）の分析を拡張し、戦略的委託問題が各地域の経済厚生に与える影響を検証する。

本稿では、Gradstein（2004）の結論が、分析の拡張に対して、頑健ではないことを明らかにする。まず、地域A（公共財供給地域）は、交渉を行うことで、常に、その厚生を改善することを示す。地域Aの厚生改善は、地域Aが地域Bよりも相対的に人口が少数となる場合でも観察される。次に、地域B（受益地域）の厚生が、交渉により改善するか否かは、地域Aによって供給される公共財がもたらすスピルオーバーの程度と地域Bの人口に依存し、地域Bの人口が十分に大きく、スピルオーバーの程度が十分に強ければ、地域Bの厚生は、交渉を行うことで、改善することを、明らかにする。Gradstein（2004）は、地域Bは、地域Aよりも少ない人口を持つ場合を考察するが、この場合においてでさえも、地域Bの厚生は交渉により改善する場合があることが、本稿の分析により明らかとなった。したがって、Gradstein（2004）の指摘する「少数派が割を食う」という結果は、必ずしも成立しない。一方で、交渉の実施により、経済全体の厚生が改善する場合であっても、地域Bの厚生が悪化する可能性があることも、本稿では明らかとなる。

本稿の分析結果が与える含意について述べる。まず第一に、地域Aは、その人口にかかわらず、交渉で、常に、厚生を改善する一方で、地域Bは、交渉で厚生を悪化させる場合があることに注目する。地域Aと地域Bの違いは、交渉決裂後に、公共財供給の意思決定ができるか否か、であるため、地域Aが、常に、交渉で厚生改善するのは、この意思決定に対する権限を持つことに由来すると結論づけられる。第二に、本稿で対象とするのは、自

発的な交渉であり、したがって、各地域が交渉への参加インセンティブを持つことが、交渉が行われるための条件となることに注目する。各地域は、その地域の厚生が改善される場合にのみ、交渉に参加するとすれば、本稿の分析結果より、地域 A は、常に、交渉に参加するが、地域 B は、公共財からのスピルオーバーの程度が強く、その人口が十分に大きい場合にのみ、交渉に参加するといえる。つまり、地域 B の参加は、必ずしも保証されない。とくに、本稿の指摘により、交渉の実施が経済全体の厚生を改善しつつも、地域 B の厚生を悪化させる場合があることから、経済全体にとって有益な交渉が実施されない可能性があることが、示唆される。

2．関連文献レビュー

　公共財供給における戦略的委託問題に関する多くの文献では、2 地域モデルを分析するが、両地域ともに公共財を供給する状況を考察する[2]。戦略的委託問題について、本稿のような公共財供給地域と受益地域の交渉を対象とした研究は、多くなく、Gradstein (2004) と Shinohara (2018) に加えて、Rota-Graziosi (2009) および Shinohara (2017) は、数少ない先行研究である。Rota-Graziosi (2009) は、Gradstein (2004) のモデルを応用し、間接民主制度の内生的な選択問題を考察する。Shinohara (2017) は、戦略的委託に起因する資源配分の非効率性の解消について、2 地域の上位政府（中央政府と呼ぶ）が果たす役割について議論する。

　戦略的委託問題の分析を離れれば、本稿で考察するモデルと類似するものは、多く存在する。例えば、Lülfesmann (2002)、Luelfesmann *et al.* (2015)、Rosenkranz and Schmitz (2007)、MacKenzie and Ohndorf (2016) では、交渉がパレート効率な資源配分を実現しない状況において、政府による介入が、資源配分の非効率性の問題を解消するか否かについて、検証されている。

　また、本稿の分析結果は、交渉への自発的参加インセンティブに含意を持つため、公共財供給への自発的参加問題に関する先行研究についても触れ

---

2) 例えば、Besley and Coate (2003)、Buchholz *et al.* (2005)、Dur and Roelfsema (2005)、Cheikbossian (2016)、Loeper (2017) などを参照のこと。

る。コースの定理の妥当性を検証するため、Dixit and Olson (2000) は、コース交渉への自発的な参加問題を考察した。彼らの分析結果によれば、公共財の受益者（彼らのモデルでは、供給者は、受益者でもある）が、多ければ多いほど、公共財交渉に参加する受益者数は少なくなり、パレート効率な水準で公共財を供給することは難しくなる。メカニズムデザインの文脈においても、同様の研究は、Saijo and Yamato (1999, 2010) や Healy (2010) や Konishi and Shinohara (2014) などにより行われており、公共財受益者の便益を正しく集計しパレート効率な資源配分を実現する公共財供給メカニズムが存在したとしても、受益者たちが、そのメカニズムに自発的に参加するとは限らず、受益者の数が増えるにつれ、自発的なメカニズムへの参加インセンティブは、減退することが明らかとなっている。Olson (1965) では、公共財供給の実現可能性と公共財の受益者数との関係について、複数の推測（いわゆる「オルソン推測」と呼ばれるもの）が提示されている。その推測の1つに、「公共財の受益者数が増えれば増えるほど、公共財供給は難しくなる」という推測が含まれており、これは「グループ・サイズ・パラドクス」と呼ばれている。Olson (1965) により推測が提示されて以来、その妥当性を検証することは、公共経済学および公共選択理論の研究者の間での興味関心の1つとなっている[3]。

3．モデル

モデルは、Gradstein (2004) および Shinohara (2018) に基づく。1種類の公共財（$x \in \mathbb{R}_+$）と私的財（貨幣）が存在する経済を考察する。この経済は、地域Aと地域Bの2つの地域で構成され、地域Aは、公共財を供給する技術を持ち、地域Bは、地域Aが供給する公共財から便益を得る。地域Aの持つ公共財供給技術は、費用関数 $c(x) = x^2/2$ で表される。この費用関数は、前出の先行研究で登場するものと同じである。後述の交渉が合意にいたれば、地域Bは、公共財供給への補償として、地域Aに貨幣移転を行う。
　地域Aには、複数の住民がおり、住民の集合を $\mathcal{A} \equiv [\underline{a}, \bar{a}] \subset \mathbb{R}_+$ と記述

---

[3] グループ・サイズ・パラドクスに関する研究の発展は、Pecorino (2015) が詳しい。

する。住民は、区間 $\mathcal{A}$ 上に一様分布し、$\bar{a}-\underline{a}=1$ を仮定することで、人口を1に標準化する。$\mathcal{A}$ の平均値かつ中央値は、a_M で表記する。一様分布の仮定から、$a_M=(\bar{a}+\underline{a})/2$ が成立する。地域 A の住民 $a_i\in\mathcal{A}$ は、準線形効用関数 $a_ix+\tau_{a_i}$ を持ち、a_ix は、x 単位の公共財から得る便益を、τ_{a_i} は、a_i が得る純貨幣移転額を表す。$\mathcal{A}$ は、地域 A の住民が、公共財から得る限界便益の集合であることにも注意する。同様に、地域 B の住民は、区間 $\mathcal{B}\equiv[\underline{b},\bar{b}]\subset\mathbb{R}_+$ に一様分布し、$b_M\equiv(\bar{b}+\underline{b})/2$ は、平均値かつ中央値である。$d\equiv\bar{b}-\underline{b}>0$ を仮定し、地域 B の人口は、必ずしも1とはならない。地域 B の住民 $b_i\in\mathcal{B}$ の持つ効用は、準線形であり、$b_ix+\tau_{b_i}$ で表される。τ_{b_i} は、住民 b_i が受け取る純貨幣移転額である。

b_M は、地域 A が供給する公共財から地域 B が得る便益の平均値を表す。公共財が、地域 B にもたらすスピルオーバー効果が強ければ、地域 B の住民が享受する便益が大きくなると考えるのは、自然である。したがって、地域 B の便益の平均値は、スピルオーバー効果の程度を計測する、1つの指標となりうるであろう。

公共財の費用分担および、地域間の貨幣移転に関して、次の仮定を設ける。

1) 地域 A が x 単位の公共財を供給する場合、地域 A の住民は、費用 $c(x)$ を均等に負担する。
2) 公共財供給に対する金銭補償として、地域 B が地域 A に貨幣移転を行う場合、地域 B の各住民は、同額の移転を行う。この額を T と記述する。この移転は、一括（lump-sum）の貨幣移転であるものとする。地域 B の人口は d であることから、地域 A が受け取る貨幣移転総額は、dT となる。dT は、地域 A の住民に均等に配分される。

以上の仮定から、各住民の純貨幣移転額は、各 $a_i\in\mathcal{A}$ および $b_i\in\mathcal{B}$ に対し、$\tau_{a_i}=-x^2/2+dT$、$\tau_{b_i}=-T$ となる。住民 a_i の効用関数 $u(x,T;a_i)$、および、住民 b_i の効用関数 $v(x,T;b_i)$ を、次のように定義する。

$$u(x,T;a_i)=a_ix\underbrace{-\frac{x^2}{2}+dT}_{\tau_{a_i}},\quad v(x,T;b_i)=b_ix\underbrace{-T}_{\tau_{b_i}}$$

地域間交渉の有無で、2つのゲームを分析する。

　交渉ありのゲームでは、2地域は、地域代表者を通して交渉を行う。このゲームでは、ステージ1において、各地域の代表が、その地域の住民の中から、多数決投票により選出される。すべての住民が有権者であり、かつ、被有権者である。次に、ステージ2では、選出された地域代表が、その選好にしたがい、公共財供給水準xおよび、地域Bの1人当たり貨幣移転額Tを交渉する。もし、交渉が、xおよびTの値について合意にいたれば、それが実行される。交渉が決裂した場合には、住民Aの代表者は、独立にxの値を、地域Bの代表者は、独立にTの値を、各自の効用を最大化するように決定する。この交渉過程は、「ナッシュ交渉解」を用いて分析する。

　交渉なしのゲームでは、ステージ1において、上記の代表者選出が行われるが、ステージ2では、住民Aの代表者は、独立にxの値を、地域Bの代表者は、独立にTの値を、各自の効用を最大化するように決定する。

　交渉ありのゲームは、Gradstein (2004) の3.1節のモデルを基礎とする。Shinohara (2018) では、Gradstein (2004) のモデルにおける交渉過程が、ナッシュ交渉を用いて拡張されている。本稿のモデルは、Shinohara (2018) が分析したものと同じである。後ろ向き帰納法を用いて、部分ゲーム完全均衡を導出し、分析を行う。本稿の分析は、Shinohara (2018) の分析を応用するため、まず、次節において、Shinohara (2018) の分析結果の概要を与える。

4．Shinohara (2018) の分析結果：概要

　Gradstein (2004) は、均衡が内点になることを仮定し分析を行ったが、Shinohara (2018) は、端点解の可能性を含めて分析を拡張している[4]。この拡張分析により、地域間交渉は、戦略的委託効果をしのぐ経済厚生改善効果を持ちうることが明らかとなっている（後述の結果2を参照のこと）。このことは、Gradstein (2004) では、指摘されていない[5]。

4）本節に登場する計算結果の詳細は、Shinohara (2018) を参照のこと。
5）両研究の結果比較は、Shinohara (2018) のRemark 1を参照のこと。

4.1 ベンチマークケース：公共財の効率供給

本稿のモデルにおける経済総余剰は、

$$\left(\int_{a\in\mathcal{A}} a\,\mathrm{d}a + \int_{b\in\mathcal{B}} b\,\mathrm{d}b\right)x - c(x) = (a_M + db_M)x - x^2/2$$

で計算され[6]、これを最大にする公共財供給量は、$x^E \equiv a_M + db_M$ である。

交渉なしの場合

ステージ1で、地域Aと地域Bの代表者が、それぞれ、$a_R \in \mathcal{A}$ と $b_R \in \mathcal{B}$ となった場合、公共財供給量は、a_R の効用 $u(x, T; a_R) = a_R x + dT - c(x)$ を最大にするように決定され、$x^D \equiv a_R$ となる。貨幣移転額は、b_R の効用 $v(x, T; b_R) = b_R x - T$ を最大にするように決定され、$T^D \equiv 0$ となる。x^D と T^D を与件とした場合、地域Aの住民 a_i の効用は、$u(x^D, T^D; a_i) = a_i a_R - a_R^2/2$ となる。したがって、住民 a_i にとって最適な代表者 a_R は、a_i 自身となる。ステージ1の分析では、中位投票者定理が適用可能であり、中位の住民 a_M が選ぶ候補者 a_M（自分自身）が、他のすべての候補者にペア多数決投票（pairwise majority voting）で勝利する。そのため、a_M が地域Aの代表者になる。結果、本ケースでは、部分ゲーム完全均衡において、地域Aの代表者は a_M となり、供給される公共財量は $x^{D^*} \equiv a_M$、貨幣移転量は $T^{D^*} \equiv 0$ となる[7]。

交渉ありの場合

$a_R \in \mathcal{A}$ と $b_R \in \mathcal{B}$ が代表者となる場合、交渉決裂における公共財供給量と貨幣移転額は、$x^D = a_R$ と $T^D = 0$ である。この計算は、交渉なしの場合と同様である。交渉決裂時の $a_R \in \mathcal{A}$ と $b_R \in \mathcal{B}$ の効用は、それぞれ、$u(x^D, T^D; a_R) = a_R^2/2$ と $v(x^D, T^D; b_R) = b_R a_R$ である。この効用を所与とした場合のナッシュ積は、

$$\beta\ln\left(a_R x - \frac{x^2}{2} + dT - \frac{a_R^2}{2}\right) + (1-\beta)\ln\left(b_R x - T - b_R a_R\right)$$

6）厳密には、地域Bの総便益は、$d\int_{b\in\mathcal{B}} b \cdot (1/d)\,\mathrm{d}b$ で計算される。

7）交渉なしの場合の詳しい分析は、Gradstein（2004）もしくはShinohara（2018）の該当箇所を参照のこと。

となる。$\beta \in]0,1[$ は、地域 A の交渉力を表し、したがって、$1-\beta$ は、地域 B の交渉力を表す。各地域の交渉力は、誰が代表者になるのかに依存せず、一定であるものとする。ナッシュ積の最大化により、交渉により実現する公共財供給量 x^{NB} と貨幣移転額 T^{NB} が決定し、$x^{NB} = a_R + db_R$ および $T^{NB} = d(1+\beta)b_R^2/2$ が成立する。交渉の帰結を所与とした、住民 $a_i \in \mathcal{A}$ と $b_i \in \mathcal{B}$ の効用は、次のように定まる。

$$u(x^{NB}, T^{NB}; a_i) = a_i(a_R + db_R) - \frac{(a_R + db_R)^2}{2} + \frac{d^2(1+\beta)b_R^2}{2}$$

$$v(x^{NB}, T^{NB}; b_i) = b_i(a_R + db_R) - \frac{d(1+\beta)b_R^2}{2}$$

地域 A の住民 $a_i \in \mathcal{A}$ にとって最適な代表者は、$u(x^{NB}, T^{NB}; a_i)$ を最大にする a_R であり、地域 B の住民 $b_i \in \mathcal{B}$ にとっては、$v(x^{NB}, T^{NB}; b_i)$ を最大化する b_R である。$a_R(a_i, b_R) \in \mathcal{A}$ を、地域 B の代表者が b_R であることを所与とした住民 $a_i \in \mathcal{A}$ にとって最適な代表者、$b_R(b_i, a_R) \in \mathcal{B}$ を、地域 A の代表者が a_R であることを所与とした住民 $b_i \in \mathcal{B}$ の最適な代表者とすれば、

$$a_R(a_i, b_R) = \max\{a_i - db_R, \underline{a}\}, \quad b_R(b_i, a_R) = \max\left\{\frac{b_i}{1+\beta}, \underline{b}\right\}$$

が成立する。交渉なしの場合と同様に、交渉ありの場合も、ステージ 1 の分析では中位投票者定理が適用可能であり、地域 A では、任意の $b_R \in \mathcal{B}$ に対し、中位住民 a_M の最適な代表者 $a_R(a_M, b_R)$ がペア多数決投票での勝者となり、地域 B では、中位住民 b_M の最適な代表者 $b_R(b_M, a_R)$ が、ペア多数決投票での勝者となる。結果、各地域で中位者にとって最適な代表者が、地域代表となるため、均衡で選出される代表者組を (a_R^*, b_R^*) と表記すれば、$a_R^* = a_R(a_M, b_R^*)$ かつ $b_R^* = b_R(b_M, a_R^*)$ が満たされることになる。

均衡における公共財供給量と貨幣移転額を $x^{NB*} \equiv a_R^* + db_R^*$ および $T^{NB*} \equiv d(1+\beta)(b_R^*)^2/2$ と定義する。Shinohara (2018) は、均衡結果を次のように導出した。

結果 1 (Shinohara, 2018, Proposition 1)

［ケース 1］ $0 < b_M \leq (1+\beta)/(2\sqrt{\beta})$ の場合

$$(a_R^*, b_R^*; x^{NB*}, T^{NB*})$$

$$= \begin{cases} \left(a_M - d\underline{b}, \underline{b}; a_M, \dfrac{d(1+\beta)\underline{b}^2}{2}\right) & \left(0 < d \leq \dfrac{2b_M\beta}{1+\beta} \text{ の場合}\right) \\ \left(a_M - \dfrac{db_M}{1+\beta}, \dfrac{b_M}{1+\beta}; a_M, \dfrac{db_M^2}{2(1+\beta)}\right) & \left(\dfrac{2b_M\beta}{1+\beta} < d \leq \dfrac{1+\beta}{2b_M} \text{ の場合}\right) \\ \left(\underline{a}, \dfrac{b_M}{1+\beta}; \dfrac{db_M}{1+\beta}, \dfrac{db_M^2}{2(1+\beta)}\right) & \left(d > \dfrac{1+\beta}{2b_M} \text{ の場合}\right) \end{cases} \quad (1)$$

［ケース2］$b_M > (1+\beta)/(2\sqrt{\beta})$ の場合

$$(a_R^*, b_R^*; x^{NB*}, T^{NB*})$$

$$= \begin{cases} \left(a_M - d\underline{b}, \underline{b}; a_M, \dfrac{d(1+\beta)\underline{b}^2}{2}\right) & \left(0 < d \leq b_M - \sqrt{b_M^2 - 1} \text{ の場合}\right) \\ \left(\underline{a}, \underline{b}; \underline{a} + db, \dfrac{d(1+\beta)\underline{b}^2}{2}\right) & \left(b_M - \sqrt{b_M^2 - 1} < d \leq \dfrac{2b_M\beta}{1+\beta} \text{ の場合}\right) \\ \left(\underline{a}, \dfrac{b_M}{1+\beta}; \underline{a} + \dfrac{db_M}{1+\beta}, \dfrac{db_M^2}{2(1+\beta)}\right) & \left(d > \dfrac{2b_M\beta}{1+\beta} \text{ の場合}\right) \end{cases} \quad (2)$$

以上の分析から、$x^{D^*}, x^{NB*} < x^E$ が成立し、交渉の有無にかかわらず、公共財は、パレート効率水準よりも過小に供給されることが確認できる。Shinohara (2018) は、交渉の有無で経済総余剰を比較し、交渉の実施により経済総余剰が改善する場合を、次のように特定した。

結果2 (Shinohara, 2018, Proposition 2) 次の条件(3)、(4)、(5)のいずれか1つが成立するならば、交渉ありの経済総余剰は、交渉なしのそれを上回る。

$$b_M \leq \dfrac{1+\beta}{2\sqrt{\beta}} \text{ かつ } d > \dfrac{1+\beta}{2b_M} \quad (3)$$

$$b_M > \dfrac{1+\beta}{2\sqrt{\beta}} \text{ かつ } d > \dfrac{2b_M\beta}{1+\beta} \quad (4)$$

$$b_M > \dfrac{1+\beta}{2\sqrt{\beta}} \text{ かつ } b_M - \sqrt{b_M^2 - 1} < d \leq \dfrac{2b_M\beta}{1+\beta} \quad (5)$$

上記の3条件のいずれもが成立しない場合は、交渉の有無で公共財供給水準も変わらなければ、経済総余剰も変わらない。

以上の分析結果より、経済総余剰が増加するケースは、後出の図3-1中の

Area 1.1、1.2、2.1、2.2、3.1、3.2となり、交渉の有無で経済総余剰が変化しないケースは、Area 4、5、6となる。

5．各地域の経済厚生と交渉

前節の Shinohara（2018）の分析を用いて、地域間交渉が、各地域の経済厚生に与える影響を明らかにする。

5.1 ベンチマークケース

まず、適切な代表者の選出により、両地域ともに、交渉ありの場合が、交渉なしの場合よりも地域余剰が、大きくなることを示す。交渉なしのゲームにおいては、a_M が、地域 A の代表者として選出され、公共財供給量は $x^{D^*} = a_M$、貨幣移転総額が $dT^{D^*} = 0$ となることは、すでに前節で確認した。結果、地域 A の余剰は、$\int_{a \in \mathcal{A}} a x^{D^*} \mathrm{d}x - c(x^{D^*}) + dT^{D^*} = a_M^2/2$ となり、地域 B の余剰は、$\int_{b \in \mathcal{B}} b x^{D^*} \mathrm{d}b - dT^{D^*} = db_M a_M$ となる。交渉ありのゲームのステージ1で、住民 a_M と b_M が、地域 A と B の代表者に、それぞれ選出されたものとする。前節の分析により、交渉決裂時の住民 a_M の効用は $a_M^2/2$、住民 b_M の効用は $b_M a_M$ となる。ナッシュ交渉の性質から、交渉を経て各代表者が得る効用は、交渉決裂時のそれよりも大きい。したがって、住民 A の代表者については、$a_M x^{NB} - c(x^{NB}) + dT^{NB} > a_M^2/2$ が成立し、住民 B の代表者については、$b_M x^{NB} - T^{NB} > b_M a_M$ が成立する。これらの不等式条件から、

$$\int_{a \in \mathcal{A}} a x^{NB} \mathrm{d}a - c(x^{NB}) + dT^{NB} = a_M x^{NB} - c(x^{NB}) + dT^{NB}$$

$$> \frac{a_M^2}{2} = \int_{a \in \mathcal{A}} a x^{D^*} \mathrm{d}x - c(x^{D^*}) + dT^{D^*}$$

および

$$\int_{b \in \mathcal{B}} b x^{NB} \mathrm{d}b - dT^{NB} = d(b_M x^{NB} - T^{NB}) > db_M a_M = \int_{b \in \mathcal{B}} b x^{D^*} \mathrm{d}b - dT^{D^*}$$

が成立する。したがって、両地域の代表者が中位値に位置する住民となる場合、両地域ともに、交渉ありの場合の地域余剰は、交渉なしの場合の地域余剰を上回ることが確認できる。

5.2 地域 A が交渉から得る利益

均衡において、交渉の有無が、地域 A の地域余剰に与える影響を検証する。

まず、(3)もしくは(4)が成立するケースを考察する。このケースでは、(d, b_M) は、図3-1の Area 2.1、2.2、3.1または3.2に属す。結果1の(1)および(2)より、均衡における代表者と交渉の帰結は、

$$(a_R^*, b_R^*; x^{NB^*}, T^{NB^*}) = \left(\underline{a}, \frac{b_M}{1+\beta}; \underline{a} + \frac{db_M}{1+\beta}, \frac{db_M^2}{2(1+\beta)}\right)$$

となる。地域 A の住民は $\mathcal{A}$ 上に一様分布し、$\underline{a} = a_M - 1/2$ が成立することから、交渉を経て地域 A が得る余剰は、

$$a_M x^{NB^*} - \frac{1}{2}(x^{NB^*})^2 + dT^{NB^*} = a_M\left(\underline{a} + \frac{db_M}{1+\beta}\right) - \frac{(\underline{a}+d_M)^2}{2(1+\beta)^2} + \frac{(db_M)^2}{2(1+\beta)}$$

$$= \frac{a_M^2}{2} - \frac{1}{8} + \frac{1}{2(1+\beta)}db_M + \frac{\beta}{2(1+\beta)^2}(db_M)^2$$

と計算される。交渉なしの場合の地域 A の余剰は $a_M^2/2$ であることから、地域 A の余剰が、交渉なしの場合よりも交渉ありの場合のほうが、大きくなるための必要十分条件は、

$$\Delta_{A1} \equiv -\frac{1}{8} + \frac{1}{2(1+\beta)}db_M + \frac{\beta}{2(1+\beta)^2}(db_M)^2 > 0$$

である。$d > 0$ が満たされることに注意すれば、$\Delta_{A1} > 0$ から、

$$d > \frac{(1+\beta)(-1+\sqrt{1+\beta})}{2b_M \beta} \tag{6}$$

を得る。(6)から、次の命題を得る。

命題1 (3)または(4)が満たされるならば、交渉ありの場合の地域 A の余剰は、交渉なしの場合のそれを必ず上回る。

証明 (3)が成立する場合、$d > (1+\beta)/(2b_M)$ が成立する。

$$\frac{1+\beta}{2b_M} - \frac{(1+\beta)(-1+\sqrt{1+\beta})}{2b_M\beta} = \frac{(1+\beta)(1+\beta-\sqrt{1+\beta})}{2b_M\beta} > 0$$

が成立することから、(6)も同時に成立する。

(4)が成立する場合、$d > 2b_M/(1+\beta)$ かつ $b_M > (1+\beta)/(2\sqrt{\beta})$ が成立する。$b_M > (1+\beta)/(2\sqrt{\beta})$ より、

$$\frac{2b_M}{1+\beta} - \frac{(1+\beta)(-1+\sqrt{1+\beta})}{2b_M\beta} = \frac{4\beta b_M^2 + (1+\beta)^2 - (1+\beta)^2\sqrt{1+\beta}}{2b_M(1+\beta)}$$
$$> \frac{(1+\beta)^2 + (1+\beta)^2 - (1+\beta)^2\sqrt{1+\beta}}{2b_M(1+\beta)}$$
$$= \frac{(1+\beta)^2(2-\sqrt{1+\beta})}{2b_M(1+\beta)} > 0$$

が成立し、結果、(6)が成立する。■

次に、(5)が成立するケースを考察する。このケースでは、(d,b_M) は、図3-1のArea1.1または1.2に属す。結果1の(2)より、均衡における代表者と交渉の帰結は、

$$(a_R^*, b_R^*; x^{NB*}, T^{NB*}) = \left(\underline{a}, \underline{b}; \underline{a}+d\underline{b}, \frac{d(1+\beta)\underline{b}^2}{2}\right)$$

となる。$\underline{a} = a_M - 1/2$ から、交渉を経て地域Aが得る余剰は、

$$a_M x^{NB*} + dT^{NB*} = a_M(\underline{a}+d\underline{b}) - \frac{(\underline{a}+d\underline{b})^2}{2} + \frac{(1+\beta)(d\underline{b})^2}{2}$$
$$= \frac{a_M^2}{2} + \frac{1}{8}\left(-1 + 4d\underline{b} + 4\beta(d\underline{b})^2\right)$$

と計算される。地域Aの余剰が、交渉なしの場合よりも交渉ありの場合のほうが、大きくなるための必要十分条件は、

$$\Delta_{A2} \equiv -1 + 4d\underline{b} + 4\beta(d\underline{b})^2 > 0$$

となる。条件 $\Delta_{A2} > 0$ から、

$$\underline{b} < -\frac{1+\sqrt{1+\beta}}{2d\beta} \text{ または } \underline{b} > \frac{-1+\sqrt{1+\beta}}{2d\beta} \tag{7}$$

が成立する。さらに、地域Bの住民が $\mathcal{B}$ 上に一様分布し $\underline{b} = b_M - d/2$ が成立することより、条件(8)を導出する。

$$b_M < \frac{d}{2} - \frac{1+\sqrt{1+\beta}}{2d\beta} \text{ または } b_M > \frac{d}{2} + \frac{-1+\sqrt{1+\beta}}{2d\beta} \tag{8}$$

命題2 (5)が満たされるならば、交渉ありの場合の地域 A の余剰は、交渉なしの場合のそれを必ず上回る。

証明 (5)が成立する場合、$d \leq 2b_M\beta/(1+\beta)$ が成立する。この条件から、$b_M > d/2$ を得ることが可能である。したがって、(8)の前半の条件 $b_M < (d/2) - (1+\sqrt{1+\beta})/(2d\beta)$ は、成立しない。

次に、$b_M - \sqrt{b_M^2 - 1} < d$ は、$b_M > (1+d^2)/(2d)$ に等しく、

$$\frac{1+d^2}{2d} - \left(\frac{d}{2} + \frac{-1+\sqrt{1+\beta}}{2d\beta}\right) = \frac{1+\beta-\sqrt{1+\beta}}{2d\beta} > 0$$

が成立することから、(8)の後半の条件は成立する。したがって、条件(5)が成立するならば、(8)も同時に成立する。■

最後に、(3)〜(5)のいずれも成立しない場合、つまり、図3-1におけるArea 4〜6 の分析を行う。この領域に属す (d, b_M) では、結果1から、$x^{NB^*} = x^{D^*} = a_M$ であり、交渉の有無では、公共財の供給量に変化はない。貨幣移転に関しては、交渉なしの場合は0であるのに対し、交渉ありの場合は正の値をとることから、地域 A の余剰は、交渉ありのほうがなしの場合よりも、大きくなる。

結果2および命題1、2を総合し、次の定理を得る。

定理1 地域 A の余剰は、交渉の実施により、必ず改善する。

5.3 地域 B が交渉から得る利益

次に、交渉の有無が、地域 B の余剰に与える影響について検証する。

(3)もしくは(4)が成立するケースでは、(1)より、公共財供給量は $x^{NB^*} = \underline{a} + db_M/(1+\beta)$ であり、貨幣移転額は $T^{NB^*} = db_M^2/(2(1+\beta))$ である。交渉ありの場合の地域 B の余剰は、

$$\left(\int_{\underline{b}}^{\bar{b}} b \, db\right) x^{NB^*} - dT^{NB^*} = da_Mb_M - \frac{db_M}{2} + \frac{(db_M)^2}{2(1+\beta)}$$

である。交渉なしの場合の地域 B の余剰は、da_Mb_M であるため、地域 B の

余剰が、交渉ありの場合よりもなしの場合のほうが、大きくなるための必要十分条件は、

$$-\frac{db_M}{2}+\frac{(db_M)^2}{2(1+\beta)}=\frac{db_M}{2(1+\beta)}(-(1+\beta)+db_M)<0$$

つまり、

$$d<\frac{1+\beta}{b_M} \tag{9}$$

である。

命題3 (10)が成立する場合、交渉なしの場合の地域Bの余剰は、交渉ありの場合よりも大きい。

$$\underbrace{(3)かつ\frac{1+\beta}{2b_M}<d<\frac{1+\beta}{b_M}}_{(10.1)}または\underbrace{(4)かつ\frac{2b_M\beta}{1+\beta}<d<\frac{1+\beta}{b_M}}_{(10.2)} \tag{10}$$

証明 (10.1)、(10.2)のいずれの場合においても、(9)が成立することから、本命題は、証明される[8]。■

(5)が成立するケースでは、(2)より、$x^{NB*}=\underline{a}+d\underline{b}$ と $T^{NB*}=d\underline{b}^2(1+\beta)/2$ が成立する。各地域では人口が一様分布するので、$\underline{a}=a_M-1/2$ および $\underline{b}=b_M-d/2$ が成立し、このことから、交渉ありの場合の地域Bの余剰は、

$$\left(\int_{\underline{b}}^{\bar{b}}b\,db\right)x^{NB*}-dT^{NB*}=da_Mb_M-\frac{db_M}{2}+d^2b_M\left(b_M-\frac{d}{2}\right)-\frac{d^2(1+\beta)}{2}\left(b_M-\frac{d}{2}\right)^2 \tag{11}$$

と計算される。交渉なしの場合の地域Bの余剰は、da_Mb_M である。

命題4 (5)かつ

$$\frac{d^2+1}{2d}<b_M<\frac{1-d^2\beta+\sqrt{d^4-2d^2\beta+1}}{2d(1-\beta)} \tag{12}$$

が満たされる場合、交渉なしの場合の地域Bの余剰は、交渉ありの場合よりも大きい。

---

[8] $b_M>(1+\beta)/(2\sqrt{\beta})$ の場合、$2b_M\beta/(1+\beta)<(1+\beta)/b_M$ は常に成立する。

証明 $da_M b_M - (11) > 0$ は、

$$-4(1-\beta)db_M^2 + 4(1-\beta d^2)b_M + d^3(1+\beta) > 0$$

に等しい。この不等式条件から、

$$\frac{1-d^2\beta - \sqrt{d^4 - 2d^2\beta + 1}}{2d(1-\beta)} < b_M < \frac{1-d^2\beta + \sqrt{d^4 - 2d^2\beta + 1}}{2d(1-\beta)}$$

を得る。$\beta \in {]}0, 1{[}$ より $1 - d^2\beta - \sqrt{d^4 - 2d^2\beta + 1} \leq 0$ が成立し、また $b_M > 0$ に注意すれば、$da_M b_M - (11) > 0$ が成立するための必要十分条件は、

$$0 < b_M < \frac{1 - d^2\beta + \sqrt{d^4 - 2d^2\beta + 1}}{2d(1-\beta)}$$

が成立することである。

　一方で、(5) から、$b_M > (1+\beta)/(2\sqrt{\beta})$ かつ $b_M - \sqrt{b_M^2 - 1} < d$ が成立する。$b_M = (1+\beta)/(2\sqrt{\beta})$ における $b_M - \sqrt{b_M^2 - 1}$ の値は $\sqrt{\beta}$ であり、$b_M - \sqrt{b_M^2 - 1}$ は b_M に関して減少する。そのため、$b_M > (1+\beta)/(2\sqrt{\beta})$ かつ $b_M - \sqrt{b_M^2 - 1} < d$ から、$d < \sqrt{\beta}$ を得る。$b_M - \sqrt{b_M^2 - 1} < d$ から $b_M > (d^2+1)/(2d)$ が成立するが、$d < \sqrt{\beta}$ が成立する場合、$b_M > (d^2+1)/(2d) \geq (1+\beta)/(2\sqrt{\beta})$ が成立する。したがって、(5) から

$$b_M > \frac{d^2+1}{2d}$$

を導く。

　最後に、$\beta \in {]}0, 1{[}$ より、

$$\frac{1-d^2\beta + \sqrt{d^4 - 2d^2\beta + 1}}{2d(1-\beta)} - \frac{d^2+1}{2d} = \frac{\sqrt{d^4 - 2d^2\beta + 1} - d^2 + \beta}{2d(1-\beta)} > 0$$

を得る。ゆえに、交渉なしの場合の地域 B の余剰が、交渉のありの場合を上回る条件は、(12) となる。■

　最後に、(3)〜(5) のいずれも成立しない場合を考察する。結果 (1) から、$x^{NB^*} = x^{D^*} = a_M$ であり、交渉の有無で公共財供給量に変化はないが、交渉ありの場合、地域 B は地域 A へ貨幣移転を行うこととなるため、地域 B の余剰は、交渉なしのほうがありの場合よりも、大きくなる。

　これまでの分析を総合し、地域 B の余剰について、次の結果を得る。

図3-1　2地域の経済厚生比較の整理

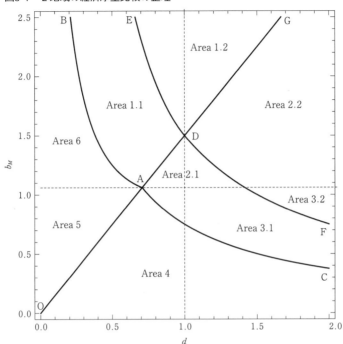

定理2　(10)または(12)が成立する場合、交渉の実施により、経済総余剰は改善するが、地域Bの余剰は悪化する。

5.4　2地域の経済厚生比較（まとめ）

最後に、これまでに得た分析結果を、$\beta = 1/2$ の場合に着目し、図3-1にまとめる。図中において、水平点線は、$b_M = (1+\beta)/(2\sqrt{\beta})$ を、垂直点線は、$d = 1$ を表す。曲線 AB は、$d = b_M - \sqrt{b_M^2 - 1}$（もしくは $b_M = (d^2+1)/(2d)$）を、曲線 AC は、$d = (1+\beta)/(2b_M)$ を、曲線 DE は、$b_M = \left(1 - d^2\beta + \sqrt{d^4 - 2d^2\beta + 1}\right)/(2d(1-\beta))$ を、曲線 DF は、$d = (1+\beta)/b_M$ を、直線 OG は、$d = 2b_M\beta/(1+\beta)$ を表す。

定理1より、地域 A は、交渉を通じて、常にその地域余剰を改善するこ

とができる。とくに、曲線 BAC の北東領域に属する (d, b_M) では、交渉の実施により、経済総余剰と地域 A の余剰が、ともに、増加する。定理 2 より、経済総余剰が、交渉により改善したとしても、地域 B の余剰は、改善するとは限らない。(d, b_M) が、Area 1.1、2.1 または 3.1 に属する場合、経済総余剰は、交渉の実施で、増加する一方で、地域 B の余剰は減少する（(10) および (12) を参照のこと）。したがって、(d, b_M) が「中間」領域に属する場合には、交渉の恩恵は、地域 A に偏って分配され、地域 B には及ばないこととなる。一方で、d および b_M が、「十分に大きな」値をとり、Area 1.2、2.2、または 3.2 に属する場合には、交渉の恩恵は、地域 B にも及ぶ。

　定理 2 が示すとおり、地域 B の人口 d および平均便益 b_M の値が、地域 B が交渉から恩恵を享受可能か否か、を決定する。直感的には、d および b_M の増加は、地域の総便益 $db_M x^{NB*} = db_M(a_R^* + db_R^*)$ を増加させる効果がある一方で、総貨幣移転額 $dT^{NB*} = (d(1+\beta)b_R^*)^2/2$ を増加させる効果も併せ持つ。これらの効果は、地域 B の余剰に相反する影響を与え、交渉実施による地域 B の余剰の改善可能性を決定する。もし (d, b_M) が十分に大きければ、地域 B の総便益に与える影響が、総貨幣移転額に与える影響を上回り、交渉の実施は地域 B の余剰を改善する。

6．少数派が、必ず交渉で損をするのか？

　「地域間交渉が、各地域にどのような便益を与えるのか」について、Gradstein (2004) は、次の Proposition 2 を得ている。

> "Proposition 2. *Granting the possibility of free secession is not sufficiently effective to prevent inefficiency provided that the voters, by electing appropriate representatives, can understate the regional preferences for the public good. In this case, the federation outcome yields the same level of the public good and the same overall welfare as under decentralization, while it reduces the welfare of the minority regions' residents relative to decentralization.*"

　本命題中の "federation outcome" は、本稿における交渉ありの場合の帰

結に、"decentralization"は、本稿における交渉なしの場合に対応する。Gradstein（2004）のこの結果から、地域間交渉により、公共財供給量も経済総余剰も変化しない。一方で、より人口が少ない地域（これを「少数派」と呼んでいる）は、交渉により地域余剰が低下することになる。Gradstein（2004）では、$d \in\ ]0, 1[$ を仮定するため、地域Bが少数派となり、交渉によって損失を被ることとなる。

　この結果に対し、Shinohara（2018）は、地域間交渉が経済総余剰を改善させる効果を持つ可能性を指摘し、Gradstein（2004）とは、異なる結果を示した。結果2で確認したとおり、図3-1のArea1〜3では、d と b_M が十分大きく、公共財供給量は、交渉ありの場合のほうがなしの場合よりも、大きい。ただし、Shinohara（2018）は、交渉が各地域の経済厚生に与える影響については明らかにしていない。

　本稿の分析結果は、Gradstein（2004）とは異なり、地域Bの余剰が交渉実施により増加する場合があることも、指摘している。図3-1から、d と b_M ともに十分に大きな値であり、Area1.2、2.2、3.2に属する場合は、地域Bの余剰は交渉実施により増加する。また、少数派は必ずしも交渉実施により損失を被るわけではない、ことも明らかとなった。$d<1$ の場合、地域Bは少数派となるが、図3-1のArea1.2は $d<1$ の場合を含むため、地域Bの余剰は、交渉により改善される場合が存在する。$d>1$ の場合、地域Aは少数派となるが、定理1より、交渉の実施により、地域Aの余剰は常に改善する[9]。これに対し、地域Bは、必ずしも、地域余剰を増加させることができないことから、交渉決裂後に、公共財供給量を決定する権限を持つことが、交渉の余剰分配に大きな影響を与えると結論づけられる。

　最後に、地域Bが少数派となり、交渉によって、地域余剰を低下させる場合について、言及する。図3-1のArea1.1、2.1、3.1では、交渉によって、経済総余剰は増加するが、地域Bの余剰は減少するため、交渉の余剰は、地域Aに偏って分配されることとなる。これは、多数派（地域A）が、交渉により、少数派（地域B）を搾取する、と解釈可能な結果である。Gradstein（2004）でも、すでに、多数派による少数派の搾取の発生が指摘されて

9）地域Aが少数派となる場合は、Gradstein（2004）では、考察されていない。

いるが、本稿で観察される搾取は、Gradstein（2004）のものとは異なる。Gradstein（2004）では、交渉の有無で経済総余剰は変化しないが、本稿の結果では、(d, b_M) が Area 1.1、2.1、3.1の中間領域に属す場合、交渉実施により経済総余剰が増加する。この場合においてもなお、地域 B に十分な余剰分配がなされない。この意味で、戦略的委託問題に直面する交渉は、Gradstein（2004）の指摘よりも、より歪んだ余剰分配を招く可能性がある。

7．結　語

　本稿では、公共財の供給における交渉が、各関連地域に与える影響について、検証した。先行研究の Gradstein（2004）では、戦略的委託の影響により、交渉の有無で、経済総余剰が変化しないこと、および、相対的に人口の多い地域（多数派地域）が、少ない地域（少数派地域）を、交渉により搾取することを指摘している。これに対し、Shinohara（2018）は、交渉の実施で経済総余剰が改善する場合が存在することを指摘しているが、交渉が関連地域の経済厚生に与える影響については、分析を与えていない。本稿の分析結果は、Gradstein（2004）の結果とは異なる傾向を示している。まず、公共財受益地域（地域 B）が少数派地域の場合であっても、その人口や公共財から得る平均便益の大きさに依存して、交渉によって地域余剰を改善する場合がある。公共財供給地域（地域 A）は少数派地域であっても、必ず、交渉によって地域余剰を改善するため、交渉による地域余剰の改善は、その地域が少数派であるか否か、ではなく、交渉決裂後に、公共財供給に関する意思決定をできるか否か、に依存する。

　本稿の結果は、地域 B が交渉によって地域余剰を改善するのは、地域 A が供給する公共財が、十分に強いスピルオーバー効果を持ち、地域 B の人口が十分に大きい場合に限られることも、明らかにする。公共財のスピルオーバー効果の程度は、地域 B の平均便益 b_M と正の相関を持つと考えることは可能である。地域 B が、交渉によって地域余剰を改善するのは、d と b_M が、ともに、十分に大きい場合であるため、スピルオーバー効果が強く、地域 B の人口が十分に大きい場合に、地域 B の余剰の改善効果を観察することができる。Shinohara（2018）は、公共財のスピルオーバー効果が十分強

く、地域Bの人口が十分に大きい場合に、交渉によって、経済総余剰が増加することを明らかにしたが、本稿の分析結果から、交渉の実施で、両地域ともに地域余剰が改善するには、Shinohara (2018) の指摘以上に、スピルオーバーの程度が強く、地域Bの人口が大きい場合であることが明らかとなる[10]。

本稿では、経済に2地域が存在する場合を考察したが、公共財供給地域が1つの場合でも、受益地域が複数になる場合は、現実にも存在する。例えば、わが国の関東地区のように、河川の上流域の県（例えば、群馬県など）にダムを建設した場合、その便益は、下流域の複数の都道府県（東京都や埼玉県など）に及ぶ。便益享受地域が複数の場合において、交渉が各地域の経済厚生に与える影響を分析することは、現実の事例に即した分析となるであろう。これは、今後の研究課題としたい。

参考文献

Besley, T. and S. Coate (2003) "Centralized versus decentralized provision of local public goods," *Journal of Public Economics*, 87: 2611-2637.
Buchholz, W., A. Haupt and W. Peters (2005) "International environmental agreements and strategic voting," *Scandinavian Journal of Economics*, 107: 175-195.
Cheikbossian, G. (2016) "The political economy of (de) centralization with complementary public goods," *Social Choice and Welfare*, 47: 315-348.
Coase, R. H. (1960) "The problem of social cost," *Journal of Law and Economics*, 3, 1-44.
Dixit, A. and M. Olson (2000) "Does voluntary participation undermine the Coase theorem?" *Journal of Public Economics*, 76: 309-335.
Dur, R. and H. Roelfsema (2005) "Why does centralisation fail to internalise policy externalities?" *Public Choice*, 122: 395-416.
Gradstein, M. (2004) "Political bargaining in a federation: Buchanan meets Coase," *European Economic Review*, 48: 983-999.
Healy, P. J. (2010) "Equilibrium participation in public goods allocations," *Review of Economic Design*, 14: 27-50.

---

10) 経済総余剰が改善する領域の一部のみにおいて、2地域の余剰がともに増加することを図3-1で確認可能である。

Kobayashi, W. and M. Ishida (2012) "The distribution of functions between local and central government in river and road administration and finance: With regard to spillover measures," *Public Policy Review*, 8: 479-502.

Konishi, H. and R. Shinohara (2014) "Voluntary participation and provision of public goods in large finite economies," *Journal of Public Economic Theory*, 16: 173-195.

Loeper, A. (2017) "Cross-border externalities and cooperation among representative democracies," *European Economic Review*, 91: 180-208.

Luelfesmann, C., A. S. Kessler and M. M. Gordon (2015) "The architecture of federations: Constitutions, bargaining, and moral hazard," *Journal of Public Economics*, 124: 18-29.

Lülfesmann, C. (2002) "Central governance or subsidiarity: A property-rights approach to federalism," *European Economic Review*, 46: 1379-1397.

MacKenzie, I. A. and M. Ohndorf (2016) "Coasean bargaining in the presence of Pigouvian taxation," *Journal of Environmental Economics and Management*, 75: 1-11.

Olson, M. (1965) *The logic of collective action*, Cambridge, Harvard University Press.

Pecorino, P. (2015) "Olson's logic of collective actions at Fifty," *Public Choice*, 162: 243-262.

Rosenkranz, S. and P. W. Schmitz (2007) "Can Coasean bargaining justify Pigouvian taxation?" *Economica*, 74: 573-585.

Rota-Graziosi, G. (2009) "On the strategic use of representative democracy in international agreements," *Journal of Public Economic Theory*, 11: 281-296.

Saijo, T. and T. Yamato (1999) "A voluntary participation game with a non-excludable public good," *Journal of Economic Theory*, 84: 227-242.

Saijo, T. and T. Yamato (2010) "Fundamental impossibility theorems on voluntary participation in the provision of non-excludable public goods," *Review of Economic Design*, 14: 51-73.

Segendorff, B. (1998) "Delegation and threat in bargaining," *Games and Economic Behavior*, 23: 266-283.

Shinohara, R. (2017) "Interregional negotiations and strategic delegation under government subsidy schemes," available at SSRN: http://dx.doi.org/10.2139/ssrn.3058517.

Shinohara, R. (2018) "One-sided provision of a public good through bargaining under representative democracy," *Applied Economics Letters*, 25: 162-166.

第4章

EU 一般データ保護規則(GDPR)の経済分析

高知大学人文社会科学部　新井　泰弘

1．はじめに

　2018年8月2日、アメリカ株式市場において Apple の株式時価総額が世界で初めて1兆ドルを突破し[1]、その1か月後の9月4日には Amazon の時価総額も同様に1兆ドルを超えた[2]。アメリカ株式市場はこれらの企業の他にも Google の親会社である Alphabet や Microsoft、Facebook といったハイテク企業株に後押しされる形で好調を維持している。
　Google、Apple、Facebook、Amazon らの企業はそれぞれの頭文字を取って GAFA とも呼ばれ、IT 技術を用いた取引基盤（プラットフォーム）を提供し販売や広告によって莫大な収益を得ている。彼らの躍進は大きく分けて3つの要素に支えられている。
　第一に、大量のデータを収集している点が挙げられる。IT プラットフォーマーとも呼ばれるこれらの企業は、検索システムや web メール、SNS 等の無料のプラットフォームサービスを提供する代わりに、利用者の大量の個人データ（年齢、性別、生年月日、閲覧 web ページ履歴、モバイル端末から収集さ

1）日本経済新聞2018年8月3日
2）日本経済新聞2018年9月5日

れる移動経路等）を収集している。また、情報通信技術の発展にともない、上述したような整理された構造化データだけでなく、テキストや動画、センサー情報などの整理されていない非構造化データも含む多種多様かつ大量のデータをリアルタイムに収集することが可能になった。これらの収集されたさまざまなデータ群はいわゆる「ビッグデータ」として取り扱われ、データ分析の対象となる。

第二に、ディープラーニング等の機械学習によりAI技術が飛躍的に向上した点が挙げられる。2016年3月にはGoogle DeepMind社のAIであるAlphaGoが世界トップレベルのプロ棋士に勝利したことからも、その技術の発展具合がうかがわれる[3]。IoT（Internet of Things）技術によりさまざまなデバイスをインターネットと接続し、大量に収穫されたデータをAIによって即座に分析し、フィードバックすることで新たなサービスや商品を生み出すことができる。例えばウェアラブル端末によるランニング支援システムや、タクシー会社による無人走行車の配車システムなど、幅広い分野における応用が期待されている。機械学習やディープラーニングは、大量のデータを速やかに分析するための手法である。基本的なプロセスとしては、①収集したデータを「学習用データセット」として構築し、②それをAIに反復して学習させることで、③将来のデータ予測を行うための「学習済みモデル」を構築するのが基本的な形になる。また、分析を行うためのハードウェアの性能が劇的に向上している点が最後の要素として挙げられる。

さまざまな形のデータを収集し、それをもとにして分析を行い、結果を新製品やサービス、価格設定に活かす、という形態のビジネスモデルは今後もその勢いを増していくと考えられる。機械学習の特性上、データ量が増えれば増えるほどその精度や得られる便益が多くなる。そのため、各企業が可能な限り多くのデータを収集しようとしており、それにともないいくつかの問題が発生してきている。

まず、データの独占の問題が挙げられる。収集されたデータをもとにして分析を行い、財・サービスの開発を行っている企業にとって、データは非常に貴重な投入物となる。そのため、収集されたデータを独占しようとするイ

3）日本経済新聞2016年3月9日

ンセンティブが強く存在している。前述したようなITプラットフォーマーが提供するサービスはArthur（1989）が主張するように、入力した個人情報に基づき、適切なサービスを提供することで他の類似サービスへ乗り換えるためのスイッチングコストを高めている。このような状況においては、新規の企業が同種のサービスへ進出してきたとしても新たなデータを収集することが難しくなり、既存企業の市場支配力が高くなるおそれがある。

次に、プライバシーとデータ漏えいの問題を挙げることができる。近年で最も話題となったのはFacebookによるデータ漏えい事件である[4]。2014年、Facebook上で、ケンブリッジ大学のAleksandr Kogan氏によって作成された性格診断テストが実施された。27万人が解答したといわれるこのテストでは、利用者のデータだけでなく解答者の友達に関するデータも収集しており、主に米国に住む約8600万人分のデータが最終的に収集された。このデータがCambridge Analyticaに売却され、彼らに親トランプ的な素材を送り届けるのに利用されたとCambridge Analyticaの元従業員が主張している。2018年4月4日、FacebookのCEOであるMark Zuckerberg氏は、メディアの前で同社の情報プライバシー問題について詳しく説明し、同社の責任を認めた。翌5日にはCOOのSheryl Sandberg氏もインタビューの中で安全性に対する投資が不十分だったと述べている[5]。

近年収集・利活用が進む個人データの中には、スマートフォンやタブレット端末に記録されているGPS位置情報、検索・購買・視聴履歴等の慎重に取り扱われるべき情報も含まれている。こうしたデータを適切に運用するために、プライバシーに関する問題をいかにして解決すべきかが各国の課題となっている。プライバシーを保護するためには、適切な匿名化措置やデータをもとにした個人の特定化を不可能にするためのデータ保護技術の適用が必要となる。データ保護技術の適用には、企業にとってのデータ運用コストを高める効果と、万が一情報が漏えいした場合のリスクを小さくする効果が存在する。企業は自己利潤が最大化される水準でデータ保護レベルを設定すると考えられるが、データが漏えいした場合の負の外部性を企業は読み込んでいないため、社会的に最適な水準よりも過小な保護水準となることが予測さ

---

[4] ロイター2018年4月5日
[5] Financial Times 2018年4月6日

れる。

　こうした問題への政策的な対応として注目されているのが2018年5月から適用が開始されたEU一般データ規則（General Data Protection Regulation: GDPR）である。GDPRは最大2000万ユーロ（26億円）、もしくは連結決算の4％に相当する額の罰金をともなう、個人データ保護規制であり、重要な規制として以下の4つを挙げることができる。

1 ）忘れられる権利（ネット上の個人データを削除できる権利）
2 ）データ・ポータビリティの権利（データの可搬性の保証）
3 ）個人データのEU/EEA域外への持ち出しを原則禁止
4 ）プライバシー・バイ・デザイン（厳格なプライバシー保護を財・サービスの設計段階から取り入れておくこと）

　本稿では、今後個人データの取り扱いに関して世界的な標準となるであろうGDPRの中でも主に2 ）と3 ）の点に焦点を当てて議論を行っていく。
　まず、データ・ポータビリティの権利についてである。GDPR第20条にはデータ主体が事業者に提供した個人データを取り戻し、他の事業者にスムーズに移転する権利を有する旨が記載されている。この権利が認められることにより、既存ITプラットフォーマーが収集した個人情報をもとにしてサービスを提供し、消費者が他のサービスに切り替えることを困難にしていた問題を軽減することができる。これは政策上FacebookやGoogle等の業界における市場支配力を弱め、新規参入企業を呼び込むための効果を有しているように見える。しかし、各財・サービスの価格に与える影響や、社会厚生上どのような効果をもたらすかに関しては不明確なため、本稿では理論モデルを用いて効果を考察する。
　次に個人データの移転に関する問題である。GDPRでは個人データを取扱い、欧州経済領域（European Economic Area: EEA）から第三国への移転を原則禁止しており、例外的に適法となる形にしている。ここでの「個人データ」とはGDPR第4条(1)によると「識別された自然人又は識別可能な自然人に関する情報」を意味しており、氏名や位置データ等の個人を識別可能なあらゆる情報を指している。そのためEEA域内で財・サービスを提供し、顧客に関するデータを収集していた場合、それを域外へ移転して分析するこ

とができなくなることを意味している[6]。例外的に適法となるためには、

1) 欧州委員会による十分性認定[7]（GDPR第45条）を受けた国に属する企業であること。
2) 適切な個人情報保護措置として標準契約条項や拘束的企業準則に依拠すること。

のいずれかを満たす必要がある。個人データの移転先の国が欧州委員会から十分なデータ保護水準を確保していると評価された場合、その国に属する企業へのデータ移転が可能になる。もし本国が十分性認定を受けていない場合、欧州委員会が決定したデータ移転契約のひな型である標準契約条項（Standard Contractual Clauses: SCC）や企業内部での規定を整備する拘束的企業準則（Binding Corporate Rules: BCR）のいずれかを利用する必要がある。

どのような方法をとるにしても、収集したデータの漏えい防止や、漏えいした場合の損失を低くするためにデータの仮名化、非人格化等を行う必要があり、GDPR第37条に定められているとおり、データ保護責任者（Data Protection Officer: DPO）と呼ばれるデータ保護の法令や実務に精通した人物を選任しなくてはならないため、データの取扱いにあたり多額の投資を行う必要性が生まれる。

GDPRのデータの移転に関する規制は、これまでデータを分析して財・サービスの品質向上や開発を行っていた企業にとって大きな打撃となりうる。こうした損失を回避するために各企業はデータ保護水準を望ましいレベルまで上昇させる可能性がある。しかしながら、こういった政策によって各企業の戦略がどのように変化し、それが財・サービス価格や社会厚生に対してどのような影響を与えるかに関しては分析の必要があるように思われる。よって、本稿ではデータの可搬性の保証と、データの域外への持ち出しの原則禁止という2つの政策が、企業の財・サービス価格や社会厚生に与える影

---

6) もちろん、データ分析拠点やスタッフをすべてEEA域内へ移転させる、といった方法も考えられるが、必要になる費用の側面からも現実的ではない。さらに、GDPRは域内におけるデータの取扱いに関しても規制があるため、そちらへの対処にも費用が必要となる。
7) 日本は2018年7月にEUから十分性認定を受けることに最終合意をし（日本経済新聞2018年9月7日）、2019年1月に正式に承認された（日本経済新聞2019年1月23日）。

響について簡易なモデルを用いて分析する。

　本稿で得られる結論は以下のとおりである。データの可搬性が保証された場合、既存企業の利潤は減少し、新規参入企業の利潤が増加する。また、データ可搬性が保証されることで社会厚生が減少する可能性が示唆される。次に、個人データ保護水準が一定水準に満たない国籍の企業がデータを活用できなくなることで、社会厚生が減少するだけでなく、企業が個人データ保護水準を引き上げないでいる可能性があることを示した。

2．モデル分析

　本稿では理論モデルを用いることでGDPRの経済学的な効果について考察をする。前述したように、GDPRが実行されることによって発生する以下の2つの効果にとくに注目する。

1） データの可搬性が保証されることにより、既存プラットフォームから新規プラットフォームへと切り替える場合に発生するスイッチングコストが減少する効果。
2） 個人データ保護水準が一定水準に満たない国の企業が活用できるデータ量が減少する効果。

　これらの政策が財・サービスの価格や社会厚生に対してどのような影響を与えるかについて経済理論モデルを用いて分析を行う。

2.1　データの可搬性の保証がもたらす効果

　モデルの基本的な設定はArmstrong（2006）の二面性市場（Two-sided market）の特殊ケースである。財の販売を通じてデータを収集する市場と、そのデータを用いて新たな財やサービスを提供する市場の2つの市場を考える。企業は2社（企業1、2）存在しており、それぞれが各市場において競争をしているものと仮定する。ゲームのタイミングは以下のとおりである。

Stage 1：データ収集市場において両企業が価格を決定する。
Stage 2：得られたデータをもとにした製品の市場において両企業が価格

を決定する。

　各市場における競争はホテリングモデルを仮定する。消費者は0から1の間に一様に分布しており、両企業は両端に位置しているものとする。データ収集市場において、$x_i \in [0,1]$ 地点にいる消費者 i が企業1から商品を購入した場合の効用は以下の式で表される。

$$1 - p_{d1} - tx_i^2$$

p_{d1} はデータ収集市場において企業1の設定する財・サービス価格である。最後の項は x_i 地点にいる消費者のプラットフォームに対する好みを表しており、消費者が0地点に近いほど企業1のサービスを好んでいると解釈できる。また、企業2から購入した場合も同様に以下のような式で表される。

$$1 - p_{d2} - S - t(1-x_i)^2$$

　既存のプラットフォームである企業1は利用者のデータをもとにしてサービスを改善し、各々に利用しやすいように調整を行っている。データの可搬性が保証されない場合、こうした各個人にフィットさせた形でのサービス提供が、データ収集市場におけるスイッチングコスト S として機能しているものと仮定する。消費者は自らの効用が高くなる側の商品を購入すると考えられる。そのため、データ収集市場によって企業1から購入するのも、企業2から購入するのも無差別になるような消費者の立地点を求めることでデータ収集市場における企業1の需要量 D_{d1} を求めることができる。D_{d1} は以下のとおりである。

$$D_{d1} = \frac{t - p_{d1} + p_{d2} + S}{2t}$$

　各企業はデータ収集市場において財・サービスを購入した消費者からデータを集め、製品市場の財・サービスへと活用することができるものとする[8]。製品市場においても消費者が0から1の間に一様に分布していると仮定すると、地点 $x_i \in [0,1]$ にいる消費者 i が企業1から商品を購入した場合の効用は以下の式で表される。

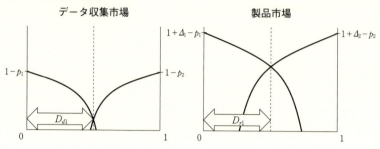

図4-1 消費者の効用

$$1+\Delta_1-p_{r1}-tx_i^2$$

p_{r1} は製品市場における企業1の商品価格を意味する。企業1はデータ収集市場において集めたデータを活用することでサービスの品質を向上させることができる。Δ_1 はサービスの質が向上したことによる消費者の効用増分を表す変数である。本節では Δ の形状について以下を仮定する。

$$\Delta_j = \delta \times D_{dj}$$

D_{dj} はデータ収集市場における企業 j の需要量を指す。δ は両企業がどの程度データを活用できるかの能力を示す変数だと解釈できる。製品市場において企業2から購入した場合の効用も同様に

$$1+\Delta_2-p_{r2}-t(1-x_i)^2$$

として表される。本節ではあくまでデータの抱え込みの効果に関して分析を行いたいため、製品市場においてはスイッチングコストが存在しないものとする。製品市場においても企業1の需要量 D_{r1} を以下のように導出することができる。

---

8) ここではプラットフォーマーのようにSNS等のサービスからデータを収集し、そこで集まったデータをもとにして新たな財・サービスを提供するといった形の市場を想定している。しかし、モデルの設定上、財・サービスを供給したことでデータを収集し、次期にそれを踏まえて商品の品質を改善して販売する、といった形の市場も分析の対象となる。

$$D_{r1} = \frac{t + \Delta_1 - \Delta_2 - p_{r1} + p_{r2}}{2t}$$

各市場における均衡商品価格を導出するために、後ろ向きに解いていく。まず、2期目の製品市場における均衡価格を求める。両企業は製品市場において増加した消費者の支払意思額を Δ_i を所与として価格を決定する。なお、簡単化のため両企業のデータ収集市場、製品市場における限界費用はゼロであるものと仮定する。この場合、企業1の直面する最大化問題は以下のとおりである。

$$\max_{p_{r1}} p_{r1} \left(\frac{t + \Delta_1 - \Delta_2 - p_{r1} + p_{r2}}{2t} \right)$$

同様に企業2の直面する最大化問題は以下のとおり。

$$\max_{p_{r2}} p_{r2} \left(1 - \frac{t + \Delta_1 - \Delta_2 - p_{r1} + p_{r2}}{2t} \right)$$

二階条件は明らかに満たしているので、一階条件から各社の最適反応を求めることができる。この期における各企業の均衡価格は以下のとおりである。

$$p_{r1} = t + \frac{\Delta_1 - \Delta_2}{3}, \quad p_{r2} = t + \frac{\Delta_2 - \Delta_1}{3}$$

上述した価格より、企業の製品市場からの利潤 π_{rj} は以下の式で表される。

$$\pi_{r1} = \frac{(3t + \Delta_1 - \Delta_2)^2}{18t}, \quad \pi_{r2} = \frac{(3t - \Delta_1 + \Delta_2)^2}{18t}$$

両企業は上記の製品市場における利得を踏まえた上で、データ収集市場における財・サービス価格を決定する。企業1のデータ収集市場における最大化問題は以下の式で表される。

$$\max_{p_{d1}} \pi_1 = p_{d1} D_{d1} + \frac{(3t + \delta D_{d1} - \delta D_{d2})^2}{18t}$$

第1項はデータ収集市場からの利得を意味しており、第2項は製品市場からの利得を意味している。本稿の設定ではデータ収集市場においてどれだけの顧客を獲得できたかが製品市場における消費者の支払意思額に影響を与えている。そのため、企業1はデータ収集市場からの利得だけでなく、製品市場に与える影響まで考慮した上で価格を決定することになる。同様に企業2の最大化問題も以下のように定義される。

$$\max_{p_{d2}} \pi_2 = p_{d2}D_{d2} + \frac{(3t - \delta D_{d1} + \delta D_{d2})^2}{18t}$$

内点解を仮定した場合、データ収集市場における均衡価格は以下のように導出される。

$$p_{d1}^* = t - \frac{2\delta}{3} + \frac{(9t^2 - 2\delta^2)S}{27t^2 - 4\delta^2}, \quad p_{d2}^* = t - \frac{2\delta}{3} - \frac{(9t^2 - 2\delta^2)S}{27t^2 - 4\delta^2} \quad (1)$$

同様にして、データ収集市場における両企業の均衡需要量も算出可能である。

$$D_{d1} = \frac{1}{2} + \frac{9tS}{2(27t^2 - 4\delta^2)}, \quad D_{d2} = \frac{1}{2} - \frac{9tS}{2(27t^2 - 4\delta^2)} \quad (2)$$

製品市場の均衡価格は以下のとおりである。

$$p_{r1}^* = t + \frac{3\delta tS}{27t^2 - 4\delta^2}, \quad p_{r2}^* = t - \frac{3\delta tS}{27t^2 - 4\delta^2} \quad (3)$$

同様にして、製品市場の両企業の均衡需要量は以下のとおり。

$$D_{r1} = \frac{1}{2} + \frac{3\delta S}{2(27t^2 - 4\delta^2)}, \quad D_{r2} = \frac{1}{2} - \frac{3\delta S}{2(27t^2 - 4\delta^2)}$$

以上より、この市場における両企業の均衡利潤は以下の式によって求められる。

$$\begin{aligned}\pi_1 &= t - \frac{\delta}{3} + \frac{(9St + 54t^2 - 8\delta^2)(3t - \delta)(3t + \delta)S}{2(27t^2 - 4\delta^2)^2} \\ \pi_2 &= t - \frac{\delta}{3} + \frac{(9St - 54t^2 + 8\delta^2)(3t - \delta)(3t + \delta)S}{2(27t^2 - 4\delta^2)^2}\end{aligned} \quad (4)$$

同様に、社会厚生 SW を導出する。本稿における社会厚生はデータ収集市場と製品市場の両市場における生産者余剰と消費者余剰の和であるとする。社会厚生は以下のとおり。

$$SW = \frac{3\delta - t + 12}{6} - \frac{9(9t^2 - 5\delta^2)S^2 t}{4(27t^2 - 4\delta^2)^2} \quad (5)$$

これらを踏まえた上で、データの可搬性が保証されたことによる競争政策上の効果について整理する。本稿ではとくに興味深いケースとして①データ収集市場における財価格が正であるケースと②データ収集市場における財価格のみが0になるケースの2つを分析対象とする。以下の補題1はデータ収集

市場において正の価格が設定されるための十分条件をまとめたものである。

補題1 以下の条件を満たす場合、データ収集市場における商品価格は正となる。

$$t \geq \frac{2\delta}{3}, \quad S < \frac{(3t-2\delta)(27t^2-4\delta^2)}{27t^2-6\delta^2}$$

本補題の直観は以下のとおりである。もしδが十分大きい場合、製品市場への影響力も大きくなる。この場合、企業は価格を可能な限り下げて製品市場から利得を獲得しようとするため、データ収集市場における価格が下限である0になりうる。また、スイッチングコストSがあまりに大きすぎると、企業2は価格をゼロにするしかデータ市場において対処できなくなる。そのため、以下では補題1の条件を満たす範囲内で考察を行う。

前述したように、データの可搬性が保証されることにより、消費者は今まで自分が提供していたすべての個人データを、異なるプラットフォームへと移転させることが可能になる。これにより、データの蓄積によって得られたはずの便益を新規参入企業の提供するサービスにおいても受けることが可能になる。よって、スイッチングコストSが減少したときの各種効果について確認をすることで、競争政策上の効果を確認できる。均衡における効果をまとめたものが以下の命題1である。

命題1 データ収集市場における均衡価格が正の場合、データの可搬性が保証されて既存プラットフォームから新規プラットフォームへの切り替えが容易になることで以下の効果が得られる。

 1）既存企業1の価格が低下し、新規企業2の価格は増加する。
 2）既存企業1の利潤は低下し、新規企業2の利潤は増加する。
 3）社会厚生が減少する場合が存在する。

既存企業1はデータ収集市場においてスイッチングコストを読み込んだ上で商品の価格を高く設定している。このようなスイッチングコストによるデータの抱え込みが発生した場合、収集されたデータをもとにして製品市場における消費者の支払意思額を増加させることが可能になり、製品市場におけ

る商品価格も増加する。データの可搬性が保証されるとスイッチングコストSが減少し、これらの効果が小さくなるため、企業1の価格と利潤が低下し、企業2の価格と利潤が上昇する。

　社会厚生に関しては一見すると反直観的な結果が得られている。スイッチングコストが減少することにより、企業2から商品を購入していた消費者の効用が増加することになる。この効果だけ残るのであれば、社会厚生は増加すると考えられる。しかし、本稿ではデータ収集市場で集められたデータが製品市場に活かされるという仮定が入っているため、別な効果が入ってくることになる。スイッチングコストが存在する場合、既存企業1はデータ収集市場において多くの顧客に商品を販売することが可能になる。データ収集市場における需要量の増加は、収集されるデータ量の増加につながり、製品市場における消費者の支払意思額を大きく増加させる効果が発生する。製品市場への影響力を表す変数δがある程度大きい場合には、こちらの効果が強く出てくることになる。データの可搬性が保証されることでスイッチングコストが減少したとしても、既存企業1の製品市場において商品を購入していた消費者の効用が減少するため、社会厚生に負の影響を与えることがありうる。

　これまでの分析はデータ収集市場における財の価格が正になっている状況にとくに焦点を当てている。しかし、ITプラットフォーマーの実際の戦略を見てみると、データ収集市場における財（メールサービスや検索サービス等）が無料になっているケースが多い。そこで、以下ではデータ収集市場における均衡価格が0になるような状況についても触れておくことにする。データ収集市場における均衡価格が0になるための十分条件は以下の補題2で求めることができる。

補題2　以下の条件を満たす場合、データ収集市場における商品価格のみが0となる。

$$t < \frac{2\delta}{3}, \quad S < \min\left\{\left|\frac{(2\delta-3t)(27t^2-4\delta^2)}{27t^2-6\delta^2}\right|, \frac{3t^2}{\delta}\right\}$$

　補題1でも述べたように製品市場への影響力であるδが大きい場合、データ市場均衡価格は0になりうる。こちらの補題においてもスイッチングコ

ストの大きさに上限が設定されているのは、既存企業1の価格はスイッチングコストによって上昇するため、Sが大きすぎる場合は正の価格づけを行う可能性があるからである。補題2を満たす場合、各種均衡における値は以下のように整理される。

データ収集市場における価格が0の場合、両企業の生産量は以下のとおりである。

$$D_{d1} = \frac{1}{2} + \frac{S}{2t}, \quad D_{d2} = \frac{1}{2} - \frac{S}{2t} \tag{6}$$

製品市場の均衡価格は以下のとおりである。

$$p_{r1}^* = t + \frac{\delta S}{3t}, \quad p_{r2}^* = t - \frac{\delta S}{3t}$$

同様にして、製品市場における両企業の均衡需要量は以下のとおりである。

$$D_{r1} = \frac{1}{2} + \frac{\delta S}{6t^2}, \quad D_{r2} = \frac{1}{2} - \frac{\delta S}{6t^2}$$

以上より、この市場における両企業の均衡利潤は以下の式によって求められる。

$$\pi_1 = \frac{(\delta S + 3t^2)^2}{18t^3}, \quad \pi_2 = \frac{(\delta S - 3t^2)^2}{18t^3} \tag{7}$$

同様に、社会厚生SWは以下のとおりである。

$$SW = \frac{3\delta - t + 12}{6} + \frac{(5\delta^2 - 9t^2)S^2}{36t^3} \tag{8}$$

以上より、データ収集市場における均衡価格が0になるような状況において、データの可搬性が保証され、スイッチングコストが減少することで現れる効果は以下の命題2で表現される。

命題2 データ収集市場における均衡価格のみが両企業とも0になる場合、データの可搬性が認められ、既存プラットフォームから新規プラットフォームへの切り替えが容易になることによって、以下の効果が得られる。

1）製品市場において既存企業1の価格が低下し、新規企業2の価格は増加する。
2）既存企業1の利潤は低下し、新規企業2の利潤は増加する。

3）社会厚生が減少する。

　本命題の直観は以下のとおりである。データ収集市場における財価格が0になったことでスイッチングコストの変化はデータ収集市場価格に直接的な影響を与えない。しかし、スイッチングコストの存在により既存企業は多くのシェアをデータ収集市場に得ていたため、データの可搬性の保証により、この便益が失われることになる。社会厚生に関しては、データ収集市場において価格が0になる状態は、製品市場への影響力が大きい状態であると考えられる。すると、スイッチングコストが少なくなり既存企業1のシェアが減少することによる効果は大きく影響することになり、このような状況下では社会厚生が減少することになる。

　これまでの分析により明らかになったのは、データの可搬性を保証することでスイッチングコストが減少し、新規参入企業である企業2の利潤が増加し、競争を促進する可能性がある点である。データの収集や分析等にかかる費用の大きさを考えた場合、データの可搬性の保証は確かに新規参入を促す効果を有しているように思える。

　ただし、注意すべきは社会厚生上負の効果が発生しうる点である。データを収集し、それを異なる財・サービスに活かすような状況を考えた場合、データの抱え込みは新規参入を妨げる効果を有しているが、同時に大量のデータをもとにした分析から得られる消費者の支払意思額の増加効果が大きくなることになる。今回の設定では、データ量と製品市場に対する効果は線形な状態を仮定していたが、本来データはその量が増えれば増えるほど分析精度や効果が増加していく特性を有している。そのため、この効果はモデルで分析したよりも大きく出ている可能性がある。

2.2 個人データの保護水準に関する規定がもたらす効果

　次にGDPR第44条に規定されている、個人データの保護水準が一定基準を満たさない国に所属する企業には、EU/EEA域外へのデータの持ち出しを禁止する、という規制と適切な個人データの保護水準のあり方について考察する。

　「個人データの保護水準」を経済学的にとらえようとした場合、さまざま

なとらえ方がある[9]。ここでは、将来発生するであろうリスクに対して支払われる事前の予防費用（Kunreuther and Heal, 2003; Varian, 2004）という形でとらえる。データが万一漏えいした場合でも個人情報が特定できないようにマスキング処理をしたり、そもそも漏えいやハッキングの被害に遭わないように対策をしたりといった手法が考えられる。各企業はこういった予防措置を事前段階で行うことにより、問題が発生する確率を減少させることができる。本節では、こうしたデータ漏えいとその損害に対する予防費用が、どの程度まで支払われているかを個人データの保護水準としてとらえる。

　まず、各企業の設定する個人データ保護水準が社会的に過小な水準となることを、不法行為法の経済分析の文脈（Cooter and Ulen, 2011）で用いられる簡易なモデルで示す。各企業はデータが漏えいすることで社会的評価を下げたり、損害賠償請求を受けたりといったさまざまな損害を受ける。こうした損害は一企業のみでなく社会全体に大きな影響を与える。例えば、データ漏えいが発生することにより、そもそもデータを扱う取引や市場規模が縮小したり、漏えいしたデータがさまざまな犯罪等に用いられることでさまざまな被害を生み出したりすることが考えられる。今、企業が収集したデータは一定確率 p で漏えいし、データ所持企業に損害 D_c を、社会全体には損害 $D_s(D_s > D_c)$ を与えるものとする。個人データ保護に費やす努力量を e で表した場合、データ漏えい確率は e の関数として表現できる。データ漏えい確率は以下の性質を満たすものとする。

$$\frac{dp(e)}{de} < 0, \quad \frac{d^2p(e)}{de^2} > 0 \tag{9}$$

個人データ保護に必要な費用を te とすると、企業は支払費用を最小化するように努力量を決定するため、以下を満たすような e を選択する。

$$\min_{e} p(e)D_c + te$$

以上より、企業にとって最適な努力量 e^* は以下を満たす。

$$-p'(e^*) = \frac{t}{D_c} \tag{10}$$

---

[9] 情報セキュリティに関する経済分析のサーベイとしては Anderson and Moore（2006）がある。

同様に、社会的に最適な保護費用は以下の最小化問題の解である。
$$\min_{e} p(e)D_S + te$$
以上より、社会的に最適な努力量 e^{**} は以下を満たす。
$$-p'(e^{**}) = \frac{t}{D_S} \tag{11}$$

(9)式の漏えい確率に関する仮定と、(10)、(11)式より明らかに社会的に最適な努力量が企業の最適努力量を上回ることが分かる。

　GDPRにおける個人データ保護に関する規制は、そのままだと社会的に過小になってしまう個人データ保護水準 e^* を、パニッシュメントを通じて社会的に最適な水準 e^{**} まで引き上げさせようとする政策だと解釈することができる。上述したとおり、欧州委員会の十分性認定を受けていない国（企業の個人データ保護水準が e^{**} に満たない国）は、EEA内で獲得した個人データを原則域外へと持ち出すことができない。仮に違反が判明した場合、最大2000万ユーロ（約26億円）、もしくは連結決算の4％に相当する額という莫大な罰金を支払う必要がある。そのため、企業が意図的に違反してデータを持ち出すインセンティブはないと考えられる。仮にEU/EEA域外にデータが持ち出せないとすると、十分性認定を受けない国に属する企業はデータを分析・活用することが非常に困難になる。個人データの保護水準の多寡が商品価格や売上に影響を与えないと仮定すると、企業には①追加的な保護費用を支払い、EU内で収集されたデータを分析した上で製品市場に活用するか、②追加的な保護費用を支払わずデータ活用も行わない、という選択肢が存在することになる。

　しかし、「追加的な保護費用を払わなければ、データ活用ができない」というのが本当に企業にとってパニッシュメントになりうるのかに関しては慎重な議論が必要である。そこで以下では、個人データ保護水準が十分でない国に属する企業のデータ利用量が減少した場合に競争政策上どのような効果が発生するかについて考える。また、このような規定が設定された場合、企業は個人データ保護水準をEUが求める水準まで引き上げるインセンティブがあるのか、どのような企業がそのような水準にまで個人データ保護水準を引き上げるのかについても考察を行う。

　基本的な分析のフレームワークは前節のものを利用する。ただし、本節で

は企業ごとにデータが利用できる量が異なる状況を分析したいため、データ収集市場から製品市場に与える影響を以下のように企業ごとに非対称になっている状態を想定する。

$$\Delta_j = \delta_j \times D_{dj}$$

D_{dj} はデータ市場における企業 j の需要量を指す。δ_j は企業 j がどの程度データを活用できるかの能力を示す変数だと解釈することができる。この仮定のもとでの各種均衡数値を算出する。内点解を仮定した場合、Δ が非対称な場合の1期目のデータ収集市場における均衡価格は以下のように導出される。

$$p_{d1}^* = t - \frac{2\delta_1}{3} + \frac{(9t - 2\delta_1 - 2\delta_2)(6t + \delta_1 + \delta_2)(\delta_1 - \delta_2)}{6(27t^2 - (\delta_1 + \delta_2)^2)}$$

$$p_{d2}^* = t - \frac{2\delta_2}{3} + \frac{(9t - 2\delta_1 - 2\delta_2)(6t + \delta_1 + \delta_2)(\delta_2 - \delta_1)}{6(27t^2 - (\delta_1 + \delta_2)^2)}$$

同様にして、1期目の両企業の均衡需要量も求められる。

$$D_{d1} = \frac{1}{2} + \frac{(\delta_1 + \delta_2)(\delta_1 - \delta_2)}{2(27t^2 - (\delta_1 + \delta_2)^2)}, \quad D_{d2} = \frac{1}{2} - \frac{(\delta_1 + \delta_2)(\delta_1 - \delta_2)}{2(27t^2 - (\delta_1 + \delta_2)^2)}$$

製品市場の均衡価格は以下のとおりである。

$$p_{r1}^* = t + \frac{9(\delta_1 - \delta_2)t^2}{2(27t^2 - (\delta_1 + \delta_2)^2)}, \quad p_{r2}^* = t + \frac{9(\delta_2 - \delta_1)t^2}{2(27t^2 - (\delta_1 + \delta_2)^2)}$$

同様にして、2期目の両企業の均衡需要量も算出可能である。

$$D_{r1} = \frac{1}{2} + \frac{9(\delta_1 - \delta_2)t}{4(27t^2 - (\delta_1 + \delta_2)^2)}, \quad D_{r2} = \frac{1}{2} - \frac{9(\delta_1 - \delta_2)t}{4(27t^2 - (\delta_1 + \delta_2)^2)}$$

以上より、この市場における両企業の均衡利潤は以下の式によって求められる。

$$\pi_1 = t - \frac{\delta_1}{3} + \frac{(\delta_1 - \delta_2)}{3} + \frac{(27t^2(5\delta_1 - \delta_2) - 4\delta_1(\delta_1 + \delta_2)^2)(\delta_1 - \delta_2)t}{8(27t^2 - (\delta_1 + \delta_2)^2)^2}$$

$$\pi_2 = t - \frac{\delta_2}{3} + \frac{(\delta_2 - \delta_1)}{3} + \frac{(27t^2(5\delta_2 - \delta_1) - 4\delta_2(\delta_1 + \delta_2)^2)(\delta_2 - \delta_1)t}{8(27t^2 - (\delta_1 + \delta_2)^2)^2}$$

社会厚生は以下のとおりである。

表4-1 均衡値の比較

	$\delta_1 = \delta_2$	$\delta_2 = 0$
p_{d1}^*	$t - \dfrac{2\delta_1}{3}$	$t - \dfrac{2\delta_1}{3} + \dfrac{\delta_1(9t - 2\delta_1)(6t + \delta_1)}{6(27t^2 - \delta_0^2)}$
p_{d2}^*		$t - \dfrac{2\delta_1}{3} + \dfrac{\delta_0(9t + 2\delta_1)(6t - \delta_1)}{6(27t^2 - \delta_1^2)}$
D_{d1}	$\dfrac{1}{2}$	$\dfrac{1}{2} + \dfrac{\delta_1^2}{2(27t^2 - \delta_1^2)}$
p_{r1}^*	t	$t + \dfrac{9\delta_1 t^2}{2(27t^2 - \delta_1^2)}$
p_{r2}^*		$t - \dfrac{9\delta_1 t^2}{2(27t^2 - \delta_1^2)}$
D_{r1}	$\dfrac{1}{2}$	$\dfrac{1}{2} + \dfrac{9\delta_1 t}{4(27t^2 - \delta_1^2)}$
π_1	$t - \dfrac{\delta_1}{3}$	$t + \dfrac{(135t^2 - 4\delta_1^2)\delta_1^2 t}{8(27t^2 - \delta_1^2)^2}$
π_2		$t - \dfrac{\delta_1}{3} + \dfrac{27\delta_1^2 t^3}{8(27t^2 - \delta_1^2)^2}$
SW	$\dfrac{3\delta_1 - t + 12}{6}$	$\dfrac{3\delta_1 - 2t + 24}{12} + \dfrac{(405t^3 + 108t^2\delta_1 - 4t\delta_1^2 - 4\delta_1^3)\delta_1^2}{16(27t^2 - \delta_1^2)^2}$

$$SW = \frac{3\delta_1 + 3\delta_2 - 2t + 24}{12} - \frac{(\delta_1 - \delta_2)^2(4(\delta_1 + \delta_2)((\delta_1 + \delta_2)(\delta_1 + \delta_2 + t) - 27t^2) - 405t^3)}{16(27t^2 - (\delta_1 + \delta_2)^2)^2}$$

各均衡に対する比較静学が困難なため、以下では両企業の製品市場への影響力が対称なケース ($\delta_1 = \delta_2$) と、GDPRの十分性認定を受けることができず、企業2がデータの利用に制限がかかったケース ($\delta_2 = 0$) を比較する。各ケースにおける均衡値を表4-1に記載する。

本節でも前節と同様に①データ収集市場における財価格が正であるケースと②データ収集市場における財価格のみが0になるケースの2つを分析対象とする。以下の補題3はデータ収集市場において正の価格が設定されるための十分条件をまとめたものである。

補題3 以下の条件を満たす場合、データ収集市場における商品価格は正となる。

$$t \geq \frac{2\delta_1}{3}$$

　本補題の直観は補題 1 、 2 と同様である。以下では補題 3 の条件を満たす範囲内において、個人データ保護水準が十分でない場合に競争政策上どのような効果が得られるかについて分析を行う。均衡における効果を整理したものが以下の命題 3 である。

命題 3　　データ収集市場における価格が正になる場合、企業 2 が十分性認定を受けられず、データが利用できなくなると ($\delta_2 = 0$)、以下の効果が得られる。

1）データ収集市場においては両企業の価格が上昇する。製品市場において企業 1 の価格が増加し、企業 2 の価格は低下する。
2）両企業の利潤が増加する。
3）社会厚生が減少する。

　本命題の直観は以下のとおりである。企業 2 はデータを活用できなくなったことにより、データ収集市場で低価格を付けて製品市場で消費者の支払意思額を増加させる必要がなくなっている。そのため、データ収集市場でも製品の売上を増加させるように価格を増加させるインセンティブがある。企業 2 がそのような戦略を採用することにより、企業 1 はデータ収集市場での価格を増加させても十分にデータ収集市場でのシェアを獲得することが可能になり価格を増加させることができる。これにより両企業の利潤が増加している。社会厚生に関しては明らかで、$\delta_2 = 0$ になることで企業 2 の製品市場における消費者の支払意思額の増分が減少する効果が大きく効いている。以上の命題から、個人データ保護水準が基準に満たない国に属する企業が、GDPR の適用によって保護水準を上昇させるかどうかを見て取ることができる。

系 1　　データ収集市場の均衡価格が正ならば企業 2 は個人データ保護水準を引き上げるインセンティブを有さない。

　命題 3 で見たように、企業 2 がデータを利用できなくなったとしても利潤

が減少することはない。本節の冒頭で述べたように個人データ保護の水準を増加させるには一定の費用が必要となる。しかし、企業2がデータを利用できないことが実質的にパニッシュメントとして効いていないとするならば、社会的に好ましい保護水準が達成されることはない。加えて、この政策により市場全体の社会厚生も減少するため、競争政策上好ましくない効果を与えているといえる。

次にデータ収集市場における価格が0になるような状況において、同政策がどのような効果を与えるかに関しても分析する。データ収集市場において両企業が設定する価格が0になるための十分条件を以下の補題4は与えている。

補題4 以下の条件を満たす場合、データ収集市場における商品価格のみが0となる。

$$\frac{\delta_1}{6} < t < \frac{\delta_1}{3}$$

データ収集市場から製品市場への影響力であるδが十分大きければ、企業はデータ収集市場における価格を可能な限り下げ、そこでのシェアを拡大することによって製品市場における支払意思額増加の効果を得ようとするはずである。本補題の条件のもとで、各企業の均衡における値が個人データ保護に関する規制によってどのように変化するかを考える。各均衡値は表4-2にまとめられている。均衡の値から以下の命題4を導くことができる。

命題4 データ収集市場における均衡価格が両企業とも0になる場合、個人データ保護水準が不十分な企業2がデータを利用できなくなった場合、以下の効果が得られる。

1）製品市場において企業1の価格が増加し、企業2の価格は低下する。
2）企業1の利潤は増加し、企業2の利潤は低下する。
3）社会厚生が減少する。

データが利用できなくなったとしても、データ収集市場のシェアは製品市場価格へと影響を与えている。そのため、補題4の条件を満たす限りにおい

表4-2 均衡値の比較（データ収集市場の価格が0の場合）

	$\delta_1 = \delta_2$	$\delta_2 = 0$
D_{d1}	$\dfrac{1}{2}$	$\dfrac{1}{2}$
p_{r1}^*	t	$t + \dfrac{\delta_1}{6}$
p_{r2}^*		$t - \dfrac{\delta_1}{6}$
D_{r1}	$\dfrac{1}{2}$	$\dfrac{1}{2} + \dfrac{\delta_1}{12t}$
π_1	$\dfrac{t}{2}$	$\dfrac{(6t+\delta_1)^2}{72t}$
π_2		$\dfrac{(6t-\delta_1)^2}{72t}$
SW	$\dfrac{3\delta_1 - t + 12}{6}$	$\dfrac{3\delta_1 - t + 12}{6} - \dfrac{(36t - 5\delta_1)\delta_1}{144t}$

て企業2は価格を0に設定し、企業1が製品市場において加算する消費者価値の値を小さくするインセンティブがある。企業2は製品市場にデータ収集市場の効果を加えることができなくなり、商品価格が下落する。それに反応するように企業1は価格を上昇させることが可能になる。命題3では企業2がデータを利用できなくなったことで、逆にデータ収集市場からの利潤を増加させることができていたが、データ収集市場の価格が0になるような状況を想定しているため、そのような効果が発生していない。よって、企業1の利潤が増加し、企業2の利潤が減少する。社会厚生に関しては命題3と同様の解釈が可能である。

系1と同様に、データ収集市場の均衡価格が0の場合に焦点を当て、個人データ保護水準が基準に満たない国に属する企業が、GDPRの適用によって保護水準を上昇させるかどうかを考察する。

系2 データ収集市場の均衡価格が0ならば企業2は個人データ保護水準を引き上げるインセンティブを有する。また、δ_1が大きいほど、このインセンティブは大きくなる。

本命題の直観は明らかである。命題4から明らかなように、データ収集市場の均衡価格が0の場合、企業2は均衡利潤が減少している。そのため、個

人データ保護水準を増加させるのも必要な費用が、$\delta_1 = \delta_2$ から $\delta_2 = 0$ に変化したときの企業2の利潤減少分よりも少ないのであれば、企業2は個人データ保護水準を必要なレベルまで引き上げるインセンティブがあるといえる。表4-2から明らかなとおり δ_1 の値が大きく、データ収集市場から製品市場への影響力が大きいケースほど、企業2の利潤減少分は大きくなる。前述したようなITプラットフォーマーのようにデジタルデータを活用してアプリケーションや広告、サービスを用いて収益を得ている企業はこちらの分析に対応している。

3．おわりに

本稿では簡易な理論モデルを用いて、データを取り扱う産業に対して多大な影響を与えるEU一般データ規則が、財・サービス価格や社会厚生にどのような影響を与えるかを分析した。

本稿で得られた結論は以下のとおりである。データの可搬性が保証された場合、既存企業から類似サービスへの切り替えを困難にしていたスイッチングコストが減少することで、既存企業の利潤は減少し、新規参入企業の利潤が増加する。しかし、既存企業が抱え込んでいたデータ総量が減少することで製品市場の消費者に与えていたプラスの効果が減少し、社会厚生上好ましくない効果をもたらす可能性が示唆できた。

次に個人データの移転に関する規制についてである。個人データの保護水準が十分でない国籍の企業が、データを活用できなくなることにより社会厚生が減少することが示せた。しかしながら、データが利用できなくなることが企業にとって十分なパニッシュメントにならず、個人データ保護水準を引き上げない可能性も同時に示すことができた。

最後に本稿のモデルに残された研究課題について以下に記載する。

第一に、本稿における分析ではデータ収集市場でも製品市場でも両企業が設定する価格が必ず正になる状態と、データ収集市場における両企業の価格がゼロになる状況というとくに興味深い2つのケースに焦点を絞って分析を行っている。そのため、スイッチングコストがある場合に新規参入企業だけ価格がゼロになるようなケースや、個人データ保護水準が十分でない国籍の

企業の価格だけがゼロになるようなケースに関しては分析ができていない。さまざまな分野における影響を考察するためにも、全範囲での分析を今後の課題としていきたい。

　第二に、本稿では企業の個人データ保護技術を単純化してモデル化している。例えば、企業の個人データ保護努力等が直接的に消費者の支払意思額や商品の品質に影響を与えない仮定のもとで分析を行っている。ところが、今後プライバシーやデータ保護に関する消費者の意識が高まることで、企業のデータ保護投資やデータの取扱いに対する態度がサービスを利用するか否かの決め手になる可能性がある。こうした状況を想定した場合、現在のセッティングよりも企業の個人データ保護努力水準は上昇すると予想できるが、漏えいした場合の社会的な損失が一企業の損失よりも大きい、という性質は変化することがないと思われるため、本稿で得られた結論は本質的には変化しないと思われる。また、現実には取り扱うデータ量が増えれば増えるほど、データの非人格化や暗号化等に必要な費用は増加するため、取扱うデータ量と個人データ保護への努力費用の間には相関があるはずである。こういったことを考慮に入れた場合、本稿で外生的な変数として取り扱ってきたδは個人データ保護努力の増加関数になると考えられる。個人データ保護にかかる努力が販売者や消費者に対して与える影響を詳しく分析していくことが今後の課題として挙げられる。

補遺：証明

1. 補題1の証明

　各企業の利潤に対するデータ収集市場の二階導関数は以下のように求められる。

$$\frac{\partial^2 \pi_1}{\partial p_{d1}^2} = \frac{\partial^2 \pi_2}{\partial p_{d2}^2} = \frac{(\delta+3t)(\delta-3t)}{9t^3}$$

二階条件を満たすために$\delta/3 < t$が必要となる。また、(1)式よりデータ収集市場における各企業の価格が正になるための条件を考える。スイッチングコストSがゼロであっても価格が正であることを保証する条件として$t \geq 2\delta/3$を得ることができる。また、企業2のデータ収集市場価格が正であるための条件として$S < (3t-2\delta)(27t^2-4\delta^2)/(27t^2-6\delta^2)$が必要となる。

なお、スイッチングコストに関する当該条件を満たしている場合、製品市場価格も正になることは容易に示すことが可能である。

2．命題1の証明

データの可搬性が認められることにより、スイッチングコスト S が減少する。そのため、均衡における各数値が S が減少した場合にどのように変化するのかを確認する。

1）(1)式よりデータ収集市場における均衡価格がスイッチングコストにどのように依存するかは $(9t^2-2\delta^2)S/(27t^2-4\delta^2)$ の符号に依存する。$t \geq 2\delta/3$ を仮定している場合、これは正であるため、企業1の価格は低下し、企業2の均衡価格が増加する。同様に(3)式より、製品市場の価格と S の関係性は $3\delta tS/(27t^2-4\delta^2)$ の符号に依存する。これも $t \geq 2\delta/3$ の仮定のもとでは正であるため、データ収集市場と同様の結果を得ることができる。

2）企業利潤と S の関係性を把握する。(4)式からわかるように、企業1の利潤とスイッチングコストの関係性は $(9St+54t^2-8\delta^2)(3t-\delta)(3t+\delta)$ の符号に依存する。こちらも $t \geq 2\delta/3$ のもとでは正であることを示すことができる。また、企業2の利潤は $(9St-54t^2+8\delta^2)$ の符号に依存する。内点解を仮定した場合、例えば企業の需要量は 0 から 1 の間にある必要がある。(2)式の値がこのような範囲内にある S を想定した場合 $(9St-54t^2+8\delta^2)$ が負であることを示すことができる。

3）社会厚生に関しては(5)式から明らかなように、$(9t^2-5\delta^2)$ の符号に依存する。この項は $\sqrt{5}\delta/3 > t \geq 2\delta/3$ の場合に負となる。よって、この条件を満たす場合、社会厚生はスイッチングコストの減少によって減少する。

3．補題2の証明

補題1の証明から明らかなとおり、各企業の利潤に対するデータ収集市場の二階条件を満たすために $\delta/3 < t$ を満たさなくてはならない。仮にこの条件が満たされない場合、データ市場価格は 0 か 1 のいずれかとなるが、データ市場の価格を 0 にして、製品市場への正の影響を活かしたほうが利潤が高

くなるため、価格は0となる。

両企業のデータ市場価格が負になるための条件を確認するために(1)式を以下のように書き換える

$$p_{d1}^* = \frac{(3t-2\delta)(27t^2-4\delta^2)+S(27t^2-6\delta^2)}{3(27t^2-4\delta^2)},$$

$$p_{d2}^* = \frac{(3t-2\delta)(27t^2-4\delta^2)-S(27t^2-6\delta^2)}{3(27t^2-4\delta^2)}$$

各項の符号から両企業の価格が負になる条件を求める。

Case 1：$\sqrt{6}\delta/3\sqrt{3} < t < 2\delta/3$ の場合

$(3t-2\delta) < 0, (27t^2-4\delta^2) > 0, (27t^2-6\delta^2) > 0$ より p_{d2}^* は負。$p_{d1}^* < 0$ が成立するための条件は

$$S < \frac{(2\delta-3t)(27t^2-4\delta^2)}{27t^2-6\delta^2}$$

となる。また、p_{r2}^* が正であるためには S は $3t^2/\delta$ よりも小さくなくてはならない。

Case 2：$2\delta/3\sqrt{3} < t < \sqrt{6}\delta/3\sqrt{3}$ の場合

$(3t-2\delta) < 0, (27t^2-4\delta^2) > 0, (27t^2-6\delta^2) < 0$ より p_{d1}^* は負。$p_{d2}^* < 0$ が成立するための条件は

$$S < \frac{(2\delta-3t)(27t^2-4\delta^2)}{6\delta^2-27t^2}$$

Case 3：$\delta/3 < t < 2\delta/3\sqrt{3}$ の場合

$(3t-2\delta) < 0, (27t^2-4\delta^2) < 0, (27t^2-6\delta^2) < 0$ より p_{d2}^* は負。$p_{d1}^* < 0$ が成立するための条件は

$$S < \frac{(2\delta-3t)(4\delta^2-27t^2)}{6\delta^2-27t^2}$$

Case 2の条件式の右辺が正の場合、Case 1や3の条件式の右辺は負になり、かつ $3t^2/\delta$ との大小関係が明確でないため S に関する十分条件は補題のとおりとなる。

4．命題2の証明

1)、2) は(6)、(7)、(8)式より明らか。社会厚生に関しては(8)式より

$(5\delta^2-9t^2)$ の符号に依存する。補題1より、考察対象では $t < 2\delta/3$ が成立しているため、$(5\delta^2-9t^2) > 0$ が成立する。よって、S が減少することにより社会厚生が減少する。

5. 補題3の証明

各企業の利潤に対するデータ収集市場の二階導関数は以下のように求められる。

$$\frac{\partial^2 \pi_1}{\partial p_{d1}^2} = \frac{\partial^2 \pi_2}{\partial p_{d2}^2} = \frac{(\delta_1+\delta_2+6t)(\delta_1+\delta_2-6t)}{36t^3}$$

以上から二階条件を満たすためには $\delta_1+\delta_2-6t < 0$ が成立する必要がある。分析対象を $\delta_1 = \delta_2$ の場合と $\delta_2 = 0$ の場合に絞っているため、両ケースで成立する条件として $\delta_1/3 < t$ を満たす必要がある。また、表4-1より明らかなとおり、$\delta_1 = \delta_2$ の場合に市場価格が正となるためには $2\delta_1/3 < t$ である必要がある。この条件を満たすとき、$\delta_2 = 0$ の場合においてもデータ収集市場価格は正となる。

6. 命題3の証明

1）表4-1から各市場の価格の変化分を把握する。p_{d1}^* が $\delta_2 = 0$ になったことでどのように変化するかは $\dfrac{\delta_1(9t-2\delta_1)(6t+\delta_1)}{6(27t^2-\delta_0^2)}$ の符号に依存する。この項は $t > 2\delta_1/3$ の仮定のもとでは明らかに正になるため、p_{d1}^* は増加する。同様に、p_{d2}^* も増加することが示せる。なお、p_{d2}^* は減少したとしても $t > 2\delta_1/3$ の仮定のもとでは明らかに正になることが確認できる。

p_{r1}^* は増加し、p_{r2}^* が減少することは表4-1から明らかである。なお、p_{r2}^* に関しては $t > 2\delta_1/3$ の仮定のもとでは明らかに正になることが確認できる。

2）表4-1と $t > 2\delta_1/3$ の仮定により明らかに両企業の利潤が増加している。

3）$\delta_1 = \delta_2$ の場合の社会厚生から $\delta_2 = 0$ のときの社会厚生を引いたものが以下の式で表される。

$$\frac{\delta_1(81t^2(36t^2-5t\delta_1-4\delta_1^2)+4\delta_1^3(t+2\delta_1))}{16(27t^2-6\delta_1^2)^2}$$

$t>2\delta_1/3$ の仮定のもとでは $(36t^2-5t\delta_1-4\delta_1^2)$ が t の増加関数となっており、$t=2\delta_1/3$ の場合においても正となるため、上式は明らかに正になる。そのため、$\delta_1=\delta_2$ の場合の社会厚生のほうが大きい。

7．補題4の証明

補題1の証明から明らかなとおり、各企業の利潤に対するデータ収集市場の二階条件を満たすために $\delta_1/3<t$ を満たさなくてはならない。仮にこの条件が満たされない場合、データ市場価格は0か1のいずれかとなるが、データ市場の価格を0にして、製品市場への正の影響を活かしたほうが利潤が高くなるため、価格は0となる。

両企業のデータ市場価格が負になるための条件を確認するために $\delta_2=0$ のケースのデータ市場価格を以下のように書き換える。

$$p_{d1}^*=\frac{54t^2(3t-\delta_1)-\delta_1^2(9t-2\delta_1)}{6(27t^2-\delta_1^2)}, \quad p_{d2}^*=\frac{54t^2(3t-\delta_1)-\delta_1^2(3t-2\delta_1)}{6(27t^2-\delta_1^2)}$$

ところが、$\delta_1/3<t<2\delta_1/3$ の範囲内では p_{d2}^* は必ず正になる。よって、データ収集市場における両企業の価格のみが負になるための十分条件は補題のとおりとなる。

8．命題4の証明

表4-2より明らかなため省略する。

参考文献

Anderson, R. and T. Moore（2006）"The Economics of Information Security," *Science*, 314（5799）: 610-613.

Armstrong, Mark（2006）"Competition in Two-Sided Markets," *The RAND Journal of Economics*, 37（3）: 668-691.

Arthur, W. Brian（1989）"Competing Technologies, Increasing Returns, and Lock-In by

Historical Events," *The Economic Journal*, 99 (394): 116-131.

Cooter, Robert and Thomas Ulen (2011) *Law and Economics*, 6th ed. Addison-Wesley.

EU General Data Protection Regulation (2016) "Regulation (EU) 2016/679 of the European Parliament and of the Council of 27 April 2016 on the Protection of Natural Persons with Regard to the Processing of Personal Data and on the Free Movement of such Data, and Repealing Directive 95/46/EC (General Data Protection Regulation)," *Official Journal of the European Union*, 119(1).

Kunreuther, Howard and Geoffrey Heal (2003) "Interdependent Security," *The Journal of Risk and Uncertainty*, 26(3): 231-249.

Varian, Hal (2004) "System Reliability and Free Riding." In *Economics of Information Security*, Springer, pp.1-15.

「米グーグル人工知能、囲碁で世界トップ級棋士に初戦勝利」『日本経済新聞』2016年3月9日、電子版（http://www.nikkei.com 閲覧日：2018年9月27日）

「アップル時価総額1兆ドル突破 米企業初」『日本経済新聞』2018年8月3日、電子版（http://www.nikkei.com/ 閲覧日：2018年9月27日）

「アマゾンの時価総額、初の1兆ドル アップルに続き米企業で2社目」2018年9月5日、電子版（http://www.nikkei.com/ 閲覧日：2018年9月27日）

「個人情報移転、日本承認へ ＥＵデータ規制で欧州委」『日本経済新聞』2018年9月7日、電子版（http://www.nikkei.com/ 閲覧日：2018年9月27日）

「米フェイスブック、情報流出は最大8700万人分の可能性」『ロイター』2018年4月5日、電子版（https://jp.reuters.com/ 閲覧日：2018年9月27日）

"Sheryl Sandberg says Facebook was too slow to respond to crises" *Financial Times* 2018年4月6日、電子版（https://www.ft.com/ 閲覧日：2018年9月27日）

「日本へのデータ移転、円滑に」『日本経済新聞』2019年1月23日、電子版（http://www.nikkei.com/ 閲覧日：2019年2月5日）

第 5 章

課税平準化モデルにおける近視眼的政府の選択

千葉商科大学政策情報学部　小林　航

1．はじめに

　本章では、Lucas and Stokey（1983）が提示した課税平準化理論のモデルを用い、近視眼的な政府が行う選択について分析する。その際、政府支出の系列や効用関数の形状が政府の選択に及ぼす影響に焦点を当てて分析を行う。この研究には、主に2つの背景がある。

　第1に、Azzimonti et al.（2016）のように、均衡財政原則などの財政ルールに関して厚生評価を行う場合、ベースとなるモデルにおいては、最適な財政収支の経路を特定することができ、さらに、政府の選択が最適経路から乖離する可能性があるような状況を設定する必要がある。Azzimonti et al.（2016）は Battaglini and Coate（2008）が構築したモデルを用いて均衡財政原則に関する定量的な分析を行っているが、そこでは財政収支の最適経路は課税平準化の性質を通じて組み込まれている。他方、最適経路からの乖離については、政治過程を通じて政策決定者が将来の厚生を過小評価することによって生じる[1]。したがって、課税平準化モデルにおいて政府の選好が近視眼的であると仮定することにより、既存研究よりもシンプルな枠組みで財政収支の経路が最適解から乖離する状況を分析することができる。

第2に、Lucas and Stokey（1983）における最適な財政政策は課税平準化の性質を有するが、厳密にいうと各期の最適税率は各期の政府支出に依存する。そして、小林・高畑（2016, 2017）が示したように、その依存の仕方は効用関数の形状からも影響を受ける。そこで本章では、小林・高畑（2016, 2017）と同様に効用関数が2次関数、対数関数、および准線型の場合に分けて分析を行う[2]。

　本章の構成は以下のとおりである。第2節では、モデルを設定し、近視眼的な政府の選択を記述するための方程式を導出する。第3節では関数型とパラメータを設定し、第4節で数値計算を行う。第5節はまとめである。

2．モデル

　家計は以下のような効用関数を持つ。

$$U = \sum_{t=1}^{T} \beta^{t-1}\{u(c_t)+v(x_t)\} \tag{1}$$

c_t と x_t はそれぞれ t 期の消費と余暇を表し、$\beta \in (0,1]$ は割引因子である。家計の t 期の予算制約は

$$c_t + q_{t+1}b_{t+1} = (1-\tau_t)(1-x_t) + b_t \tag{2}$$

であり、τ_t は t 期の賃金税率、b_t は政府が $t-1$ 期に発行した公債である。また、q_{t+1} は $t+1$ 期に政府から1単位の支払いを受け取る債券の価格を表す。なお、このモデルは閉鎖経済であり、登場する経済主体は政府と家計のみであるため、政府が発行した公債はすべて家計が引き受けることとなる。また、公債の初期値は b_1 であり、最終期の条件として、

---

[1] Battaglini and Coate（2008）のモデルにおける政治過程は議会交渉である。そこでは、各期において議案設定権を有する議員がランダムに選ばれるため、各期の議員は公債発行によって将来の選択領域を狭めることにともなう厚生費用を過小評価することになる。他方、Alesina and Tabellini（1990）の政治過程は選挙であるが、そこでも各期に政策決定権を有する政党が確率的に決まるため、与党は公債発行の厚生費用を過小評価する。これらを含む財政赤字の政治経済学に関する最近のレビュー論文としては、Alesina and Passalacqua（2016）が有益である。

[2] 小林・高畑（2016）は効用関数が2次関数と対数関数のケースを分析しているのに対して、小林・高畑（2017）はこれに准線型関数を加えて分析している。

$$q_{T+1}b_{T+1} = 0 \tag{3}$$

を仮定する。

家計が(2)式と(3)式の予算制約のもとで(1)式の効用を最大化するように (c_t, x_t, b_t) を選択する場合、その一階条件は以下のように表すことができる。

$$\frac{v'(x_t)}{u'(c_t)} = 1 - \tau_t \tag{4}$$

$$\frac{\beta u'(c_{t+1})}{u'(c_t)} = q_{t+1} \tag{5}$$

これらを(2)式に代入して整理すると、以下のような実行可能性条件（implementability conditions）を得ることができる。

$$H_t \equiv u'(c_t)(c_t - b_t) - v'(x_t)(1 - x_t) + \beta u'(c_{t+1})b_{t+1} = 0 \tag{6}$$

ただし、T期においては第3項がゼロとなる。また、各期において以下のような資源制約が満たされなくてはならない。

$$R_t \equiv 1 - c_t - g_t - x_t = 0 \tag{7}$$

ここで、g_t は t 期の政府支出（政府消費）を表し、その系列は外生的に与えられるものとする。

政府は資源制約と実行可能性条件のもとで、以下の目的関数を最大化するように税率 τ_t を選択する。

$$\sum_{t=1}^{T} \gamma^{t-1} \{u(c_t) + v(x_t)\} \tag{8}$$

ここで、γ は政府の割引因子であり、$\gamma < \beta$ であるとき、政府は家計の将来の厚生を家計よりも低く評価することになるため、「政府は近視眼的選好をもつ」ということにする。他方、$\gamma = \beta$ であるときには、政府は家計の効用を最大化するように行動することになるため、「政府は慈愛的選好をもつ」という。以下では、近視眼的政府の選択を慈愛的政府の選択と比較することにより、その特徴を明らかにしていく。

政府にとっての最適化問題は以下のラグランジュ関数で表すことができる。

$$L \equiv \sum_{t=1}^{T} \gamma^{t-1}\{u(c_t)+v(x_t)\} + \sum_{t=1}^{T} \lambda_t H_t + \sum_{t=1}^{T} \mu_t R_t \tag{9}$$

ここで、λ_t と μ_t はそれぞれ t 期の実行可能性条件と資源制約に関するラグランジュ乗数である。この関数を (c_t, x_t, b_t) について最適化して整理すると、以下の条件式を得ることができる。

$$\gamma^{t-1}\{u'(c_t)-v'(x_t)\} + \beta^{t-1}\lambda_1\{u'(c_t)-v'(x_t)+u''(c_t)c_t+v''(x_t)(1-x_t)\} = 0 \tag{10}$$

ここで、実行可能性条件に関する各期のラグランジュ乗数には、$\lambda_t = \beta^{t-1}\lambda_1$ という関係が成立している。

この問題における直接的な内生変数は (c_t, x_t) が $2T$ 個（$t=1,...,T$）、b_t が $T-1$ 個（$t=2,...,T$）、そして λ_1 を含めると合計 $3T$ 個ある。それに対して、それらが満たすべき条件式も、(6)式、(7)式、および(10)式がそれぞれ T 本ずつあるため計 $3T$ 本である。また、本来の政策変数である税率 τ_t は(4)式から、債券価格 q_{t+1} は(5)式からそれぞれ定まることとなる。

最後に、(4)式を用いて(10)式を変形すると、以下のようになる[3]。

$$\tau_t = \frac{\varepsilon_t^c + \varepsilon_t^n}{1+\varepsilon_t^n + \gamma^{t-1}/\beta^{t-1}\lambda_1} \tag{11}$$

$$\text{where} \quad \varepsilon_t^c \equiv -\frac{u''(c_t)c_t}{u'(c_t)}, \quad \varepsilon_t^n \equiv -\frac{v''(x_t)(1-x_t)}{v'(x_t)}$$

ただし、ε_t^c は消費 c_t の限界効用の弾力性であり、ε_t^n は労働供給 $n_t \equiv 1-x_t$ の限界不効用の弾力性[4]である。(11)式はこれら2つの弾力性が時間を通じて一定で、かつ $\gamma = \beta$ であれば、政府が選択する税率も異時点間で一定となるのに対して、$\gamma < \beta$ である場合には、時間が経過するにつれて徐々に税率が引き上げられていくことを意味している。

---

[3] この表現は小林・高畑（2017）の(17)式を、政府が独自の選好を持つ状況に一般化したものである。

[4] これは余暇 x_t の限界効用の弾力性（$\varepsilon_t^x \equiv -\frac{v''(x_t)x_t}{v'(x_t)}$）とは異なるものである。

3. 効用関数とパラメータ

　本節では、数値計算を通じて近視眼的政府の選択を分析するための準備として、効用関数と各種パラメータを設定する。まず、効用関数については3通りの関数型を使用する。

　1つめは以下のような2次関数である。

$$u(c) = c - \frac{1}{2}c^2, \ v(x) = x - \frac{1}{2}x^2 \tag{12}$$

この関数は、Lucas and Stokey (1983) が数値例を示す際に用いたものであり、(11)式に含まれる2つの弾力性はそれぞれ以下のようになる。

$$\varepsilon_t^c = \frac{c_t}{1-c_t}, \ \varepsilon_t^n = 1 \tag{13}$$

小林・高畑 (2017) で示したように、政府支出 g_t が大きい期には資源制約から消費 c_t が小さくなり、(13)式より ε_t^c が低くなることから、(11)式より税率 τ_t も低くなる傾向がある。

　2つめは以下のような対数関数である。

$$u(c) = \ln c, \ v(x) = \ln x \tag{14}$$

このとき、2つの弾力性は以下のようになる。

$$\varepsilon_t^c = 1, \ \varepsilon_t^n = \frac{1-x_t}{x_t} \tag{15}$$

この場合、政府支出 g_t が大きい期にはやはり資源制約から余暇 x_t が小さくなり、(13)式より ε_t^n が高くなることから、(11)式より税率 τ_t も高くなる傾向がある。

　3つめは以下のような准線型関数である。

$$u(c) = c, \ v(x) = -\frac{(1-x)^{1+1/\sigma}}{\sigma+1} \tag{16}$$

これは Battaglini and Coate (2008) や Azzimonti *et al.* (2016) でも使用されているものであり、2つの弾力性はそれぞれ以下のようになる。

$$\varepsilon_t^c = 0, \quad \varepsilon_t^n = \frac{1}{\sigma} \tag{17}$$

したがって、2つの弾力性が異時点間で一定となるため、(11)式から、$\gamma = \beta$ である場合には、政府が選択する税率も異時点間で一定となる[5]。ちなみに、準線型関数の場合、労働供給の限界不効用の弾力性は労働供給の賃金弾力性の逆数でもあるため[6]、σ は労働供給の賃金弾力性に相当する。

続いて、各種パラメータの値を設定する。まず、政府の選好を表す割引因子 γ については、家計の割引因子を $\beta = 1$ とした上で、1.0と0.8という2通りの値を設定する。つまり、$\gamma = 1.0$ のときは家計と同じ選好を持つ慈愛的政府であるのに対して、$\gamma = 0.8$ のときは家計よりも将来の効用を低めに評価する近視眼的政府を想定することになる。

次に、モデルの期間については、主に $T = 5$ として分析を進めるが、最後に $T = 7$ とした場合についても分析を行う。これは、視野に入れる期間の長さが政府の選択に及ぼす影響について考えるためのものである。

また、$T = 5$ として分析を行う際には、政府支出の系列について3通りのパターンを仮定する。1つめは、毎期一定の政府支出が発生するもので、

$$g_1 = g_2 = g_3 = g_4 = g_5 = 0.10$$

とする。2つめは、徐々に政府支出が増えていくもので、

$$g_1 = 0.08, \ g_2 = 0.09, \ g_3 = 0.10, \ g_4 = 0.11, \ g_5 = 0.12$$

とする。3つめは、第3期にのみ通常より多く政府支出が発生するもので、

$$g_1 = g_2 = g_4 = g_5 = 0.08, \quad g_3 = 0.18$$

---

5) ただし、小林・高畑(2017)で示したように、消費 c_t の限界効用が一定となるような準線型関数の場合、余暇 x_t は税引き後賃金率だけで決まるため、政府支出 g_t が変化しても影響を受けない。そのため、(17)式のように労働供給 n_t の限界効用の弾力性が x_t の値にかかわらず一定となるような状況ではなくとも、実際の弾力性は一定となるため税率も一定となる。

6) 家計の効用最大化条件の1つである(4)式に消費と余暇の限界効用を代入すると、$n = (w\sigma)^\sigma$ となり、ここから $\left(\dfrac{dn}{dw}\right)\left(\dfrac{w}{n}\right) = \sigma$ となることを確認することができる。ただし、$w \equiv 1 - \tau$ は税引き後賃金率である。

表5-1　1期間モデルにおける関数型の影響

効用関数	σ	τ	c	x	n
2次	—	0.205	0.387	0.513	0.487
対数	—	0.200	0.400	0.500	0.500
准線型	0.2	0.142	0.603	0.297	0.703
	0.4	0.154	0.548	0.352	0.648
	0.8	0.134	0.645	0.255	0.745
	1.2	0.090	1.011	−0.111	1.111
	1.6	0.051	1.850	−0.950	1.950
	2.0	0.026	3.692	−2.792	3.792

とする。以下の分析では、これらの政府支出の組み合わせをそれぞれ G1、G2、G3と呼ぶことにする。また、$T=7$として分析を行う場合は、G1と同様に、

$$g_1 = ... = g_7 = 0.10$$

とする。さらに、公債残高の初期値 b_1 はゼロとする。

最後に、効用関数を(16)式の准線型関数とする場合のパラメータ σ については、0.4とする。Azzimonti et al. (2016) では2.0という値が使用されているが、表5-1に示したように、σ の値が大きくなりすぎると余暇の値が負となってしまう[7]。表5-1は、$T=1$、$g=0.1$ とした場合の税率 τ、消費 c、余暇 x、および労働供給 n の値を関数型ごとに示したものであるが、このうち准線型関数と他の関数の結果を最も近づけることのできる値として $\sigma = 0.4$ を使用することにする[8]。

4．計算結果

それでは、計算結果を見ていこう。表5-2は、$T=5$ とした上で、3つの政府支出シナリオ、3つの効用関数、および2つの政府選好のもとで選択さ

---

[7] 前の脚注で示したように $n=((1-\tau)\sigma)^\sigma$ となるため、低い τ と高い σ のもとでは n が1を超えるのである。

[8] より厳密には、$\sigma=0.436$ としたときに、准線型関数の結果が他の2つの関数の結果に最も近づく。

表5-2　税率

政府支出	効用関数	γ	$\tau 1$	$\tau 2$	$\tau 3$	$\tau 4$	$\tau 5$	CV
G1	2次	1.0	0.205	0.205	0.205	0.205	0.205	0.00%
		0.8	0.148	0.174	0.204	0.235	0.269	20.87%
	対数	1.0	0.200	0.200	0.200	0.200	0.200	0.00%
		0.8	0.139	0.166	0.196	0.231	0.268	22.91%
	准線型	1.0	0.154	0.154	0.154	0.154	0.154	0.00%
		0.8	0.105	0.127	0.152	0.180	0.212	24.38%
G2	2次	1.0	0.209	0.207	0.206	0.204	0.202	1.15%
		0.8	0.151	0.176	0.204	0.234	0.265	19.73%
	対数	1.0	0.197	0.199	0.200	0.202	0.204	1.15%
		0.8	0.136	0.164	0.196	0.232	0.271	24.04%
	准線型	1.0	0.154	0.154	0.154	0.154	0.154	0.00%
		0.8	0.105	0.127	0.152	0.180	0.212	24.38%
G3	2次	1.0	0.212	0.212	0.196	0.212	0.212	3.11%
		0.8	0.153	0.180	0.194	0.243	0.277	21.29%
	対数	1.0	0.200	0.200	0.217	0.200	0.200	3.42%
		0.8	0.139	0.166	0.214	0.231	0.268	22.64%
	准線型	1.0	0.154	0.154	0.154	0.154	0.154	0.00%
		0.8	0.105	0.127	0.152	0.180	0.212	24.38%

れる税率の推移を示したものである。まず、5期間にわたって一定の政府支出が発生するシナリオG1のもとでは、効用関数の形状にかかわらず、$\gamma=1.0$の慈愛的政府は時間を通じて税率を平準化するのに対して、$\gamma=0.8$の近視眼的政府は当初は税率を低めに設定し、徐々にそれを引き上げている。

次に、5期間にわたって徐々に政府支出が増加していくシナリオG2のもとでは、慈愛的政府の場合は税率の動きが効用関数の形状に依存するのに対して、近視眼的政府の場合は関数型にかかわらず、低い税率から徐々に引き上げるという動きを見せる。この特徴は、第3期にのみ平時より高い政府支出が発生するシナリオG3のもとでも同様である。

また、効用関数が2次関数と対数関数の場合には、慈愛的政府が選択する税率は政府支出の大きさに依存して変動するが、その変動幅は相対的に小さい。表5-2の最後の列には各ケースで選択される5期間の税率についての変動係数を載せているが、近視眼的政府の場合は変動係数が20〜24%程度となるのに対して、慈愛的政府の場合は3%以下となっている。したがって、慈愛的政府が選択する税率は、厳密には政府支出の大きさに依存して変動しう

表5-3　プライマリー・バランス

政府支出	効用関数	γ	PB1	PB2	PB3	PB4	PB5
G1	2次	1.0	0.000	0.000	0.000	0.000	0.000
		0.8	−0.025	−0.013	−0.001	0.012	0.025
	対数	1.0	0.000	0.000	0.000	0.000	0.000
		0.8	−0.028	−0.016	−0.002	0.013	0.029
	准線型	1.0	0.000	0.000	0.000	0.000	0.000
		0.8	−0.030	−0.017	−0.002	0.015	0.033
G2	2次	1.0	0.020	0.010	0.000	−0.010	−0.019
		0.8	−0.005	−0.003	−0.001	0.003	0.006
	対数	1.0	0.017	0.008	0.000	−0.008	−0.016
		0.8	−0.011	−0.007	−0.002	0.005	0.013
	准線型	1.0	0.020	0.010	0.000	−0.010	−0.020
		0.8	−0.010	−0.007	−0.002	0.005	0.013
G3	2次	1.0	0.021	0.021	−0.077	0.021	0.021
		0.8	−0.004	0.008	−0.078	0.033	0.045
	対数	1.0	0.018	0.018	−0.063	0.018	0.018
		0.8	−0.010	0.003	−0.064	0.031	0.046
	准線型	1.0	0.020	0.020	−0.080	0.020	0.020
		0.8	−0.010	0.003	−0.082	0.035	0.053

るが、近視眼的政府の選択と比べれば概ね平準化されているといえよう。

　表5-3と表5-4は、それぞれ表5-2の各ケースに対応したプライマリー・バランス ($PB_t \equiv \tau_t(1-x_t)-g_t$) と公債残高 b_t の推移を示したものである。まず、政府支出が一定のG1のもとでは、効用関数の形状にかかわらず慈愛的政府は常にプライマリー・バランスと公債残高をゼロとしているのに対して、近視眼的政府は当初はプライマリー・バランスを赤字として公債残高を徐々に増やし、期間の後半である第4期からプライマリー・バランスを黒字にして公債残高を減らしている。

　次に、徐々に政府支出が増加するG2のもとでは、慈愛的政府の場合は当初はプライマリー・バランスを黒字にして基金を積み上げ ($b_t < 0$)、後半はそれを取り崩して財源としている。他方、近視眼的政府の場合は相対的に政府支出が少ない前半においてもプライマリー・バランスを赤字とし、公債を発行している。また、第3期にのみ政府支出が増加するG3のもとでは、慈愛的政府の場合は第3期のみプライマリー・バランスを赤字とし、それまでは黒字にして基金を積み上げるとともに、第4期以降はやはりプライマリー・バランスを黒字にして政府債務の返済を行っている。他方、近視眼的政

表5-4 公債残高

政府支出	効用関数	γ	b1	b2	b3	b4	b5
G1	2次	1.0	0.000	0.000	0.000	0.000	0.000
		0.8	0.000	0.025	0.038	0.038	0.025
	対数	1.0	0.000	0.000	0.000	0.000	0.000
		0.8	0.000	0.028	0.042	0.043	0.029
	准線型	1.0	0.000	0.000	0.000	0.000	0.000
		0.8	0.000	0.030	0.047	0.049	0.033
G2	2次	1.0	0.000	−0.020	−0.029	−0.029	−0.019
		0.8	0.000	0.005	0.008	0.009	0.006
	対数	1.0	0.000	−0.016	−0.024	−0.024	−0.016
		0.8	0.000	0.011	0.018	0.019	0.013
	准線型	1.0	0.000	−0.020	−0.030	−0.030	−0.020
		0.8	0.000	0.010	0.017	0.019	0.013
G3	2次	1.0	0.000	−0.021	−0.039	0.042	0.021
		0.8	0.000	0.004	−0.003	0.079	0.045
	対数	1.0	0.000	−0.018	−0.031	0.036	0.018
		0.8	0.000	0.010	0.006	0.078	0.046
	准線型	1.0	0.000	−0.020	−0.040	0.040	0.020
		0.8	0.000	0.010	0.007	0.089	0.053

表5-5 期間の影響

T	τ1	τ2	τ3	τ4	τ5	τ6	τ7
5	0.105	0.127	0.152	0.180	0.212	—	—
7	0.085	0.103	0.125	0.149	0.177	0.209	0.243
T	PB1	PB2	PB3	PB4	PB5	PB6	PB7
5	−0.030	−0.017	−0.002	0.015	0.033	—	—
7	−0.043	−0.032	−0.018	−0.003	0.014	0.032	0.051
T	b1	b2	b3	b4	b5	b6	b7
5	0.000	0.030	0.047	0.049	0.033	—	—
7	0.000	0.043	0.075	0.093	0.096	0.082	0.051

府の場合は有事発生まで相対的に時間のある第1期はプライマリー・バランスを赤字とし、有事直前の第2期になってから黒字としている。そのため、第4期以降に必要な黒字幅は慈愛的政府の場合よりも大きくなる。

表5-5は政府支出をG1、効用関数を准線型、政府の割引因子を$\gamma=0.8$として、期間の長さが近視眼的政府の選択に及ぼす影響を示したものである。5期間よりも7期間のケースのほうが、当初の税率は低めに設定され、プライマリー・バランスの赤字幅が大きくなっている。その結果、ピーク時の公

債残高も7期間のケースのほうが大きくなり、最終期の税率やプライマリー・バランスの黒字幅も大きくなる。

5．まとめ

本章では、Lucas and Stokey（1983）の課税平準化モデルを用いて近視眼的政府の選択について分析した。主な分析結果は以下の3点にまとめられる。

第一に、慈愛的政府が選択する税率は概ね異時点間で平準化されているのに対して[9]、近視眼的政府の場合は低めの税率から出発し、徐々に引き上げられていく。この特徴は政府支出のシナリオや効用関数の形状に依存しない。

第二に、将来時点で政府支出が増加することが分かっている場合、慈愛的政府であればはじめからプライマリー・バランスを黒字にして基金を積み上げるのに対して、近視眼的政府は直前までそのような選択を行わない。その結果、将来時点での負担がより重くなる。

第三に、モデルの期間が長くなると近視眼的政府は初期の税率をより低めに設定し、プライマリー・バランスの赤字幅をより大きくする。その結果、公債残高も膨らみ、後半になるとより高い税率とより大きな黒字が必要となる。

本章では、仮想的な数値例に基づいて近視眼的政府の選択を分析したが、この枠組みを応用すれば実際の政府の近視眼性を定量的に測定し、それによって財政ルールの厚生評価を行うこともできるかもしれない。この点については、今後の課題としたい。

---

[9] 小林・高畑（2016）では、各期の最適税率が政府支出に依存して変動しうる点に着目して数値計算を行い、実際に変動はするものの、その変動幅が公債が利用できない場合に比べて小さいことを示している。他方、本章では、慈愛的政府の選択する最適税率の変動幅が近視眼的政府の選択に比べて小さいことが示されており、Chari et al.（1994）の「税率は実質的に一定である（essentially constatnt）」という表現の妥当性を改めて確認したといえよう。

参考文献

Alesina, A. and A. Passalacqua (2016) "The Political Economy of Government Debt," In J. Taylor and H. Uhlig, *Handbook of Macroeconomics*, 2, North-Holland.

Alesina, A. and G. Tabellini (1990) "A Positive Theory of Fiscal Deficits and Government Debt," *Review of Economic Studies*, 57(3): 403-414.

Azzimonti, M., M. Battaglini and S. Coate (2016) "The Costs and Benefits of Balanced Budget Rules: Lessons from a Political Economy Model of Fiscal Policy," *Journal of Public Economics*, 136: 45-61.

Battaglini, M. and S. Coate (2008) "A Dynamic Theory of Public Spending, Taxation and Debt," *American Economic Review*, 98(1): 201-236.

Chari, V. V., L. J. Christiano and P. J. Kehoe (1994) "Optimal Fiscal Policy in a Business Cycle Model," *Journal of Political Economy*, 102(4): 617-652.

Lucas, R. and N. Stokey (1983) "Optimal Fiscal and Monetary Policy in an Economy without Capital," *Journal of Monetary Economics*, 12(1): 55-93.

小林航・高畑純一郎 (2016)「公債の課税平準化機能――不確実性のない Lucas-Stokey モデルによる考察」『千葉商大論叢』第54巻第1号、103-120頁

小林航・高畑純一郎 (2017)「公債の課税平準化機能――Lucas-Stokey モデルにおける生産性の変化」日本財政学会（編）『財政研究』第13巻、117-131頁

第 6 章

高齢化と政府支出乗数

東海大学政治経済学部　平賀　一希

1．はじめに

　少子高齢化問題は日本に限らず、多くの先進諸国において共通する問題となってきている。少子高齢化問題の原因としては、出生率の低下および平均寿命の上昇が挙げられる。図6-1は、先進諸国における合計特殊出生率の推移を表しており、1980年以降アメリカとスウェーデンを除くほとんどの国において、合計特殊出生率が2を下回っており、人口が伸び悩むないしは減少する局面を迎えてきている。一方、平均寿命については、日本においては、1950年では男性が約58歳、女性が約62歳であったのが、2017年においては男性が約81歳、女性が約87歳と平均寿命が25歳以上伸びている。平均寿命の上昇は日本だけに限らず、先進諸国においても共通する現象である[1]。

　日本においては、近年財政政策の効果が低下したという論調が数多くなされている。例えば、経済企画庁（1998）、Bayoumi（2001）、井堀・中里・川出（2002）、Kuttner and Posen（2001）、渡辺・薮・伊藤（2010）、江口（2012）

---

[1]　例えば、アメリカでは1960年の平均寿命は約70歳で2016年では約79歳、中国では1960年の平均寿命は約44歳で2016年で約76歳と国によって寿命の延び幅は異なるが、高齢化が進展しているということに関しては共通している。

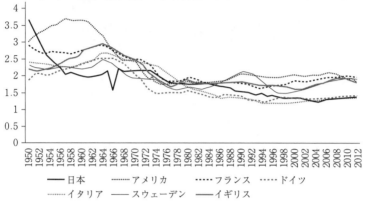

図6-1 先進諸国の合計特殊出生率の推移

出所：OECD Family Database より著者作成。

などでは財政政策の効果が低下していることが実証分析によって報告されている[2]。

本稿では、高齢化が財政政策、とりわけ政府支出拡大の効果の大きさに与える影響について分析する。具体的には、通常政府支出乗数を分析する際に用いられる、DSGE（Dynamic Stochastic General Equilibrium）モデルやVAR（Vector Autoregression）モデルではなく、老年期まで生存するのが確率的に決まるBlanchard（1985）タイプの世代重複モデルに、生産力効果を持つ政府支出が総生産や各世代の消費に与える影響を乗数の形で分析する。政府支出が世代間の資源配分に対してどのように作用するかを分析することが、本研究のオリジナリティである。

本稿で得られた結論としては、以下のとおりである。比較静学では、高齢化が進行しても、総生産に関する政府支出乗数は変わらないが、各世代の消費に与える影響は異なることが分かった。一方、高齢化が進展することによって、各世代の消費に関する乗数の絶対値が小さくなることが分かった。具体的には、老年世代への生存率が高まることを通じた高齢化は若年、老年世

2）一方、Miyamoto, Nguyan and Sergeyev（2018）では、ゼロ金利制約下を考慮して分析を行うと、1990年代以降に財政政策の効果が下がっているわけではないことが示されているため、必ずしも共通した認識ではないことは留意する必要がある。

代の消費の乗数の絶対値を小さくするが、人口成長率の低下を通じた高齢化の場合、老年世代のみの乗数の絶対値が小さくなる。比較動学の結果についても、政府支出乗数の大きさに対して決定的な影響を与えるのは政府支出の生産外部性と政府支出の規模であるが、高齢化が進展することにより、若年期の消費に関する乗数の絶対値は小さくなる一方、貯蓄および老年期の消費に関する乗数の絶対値は大きくなるなど、異時点間の財の配分に与える影響も大きくなることが分かった。

高齢化が経済政策、とりわけ財政金融政策に対して与える影響について分析した研究としては、Imam（2015）、Wong（2018）、Fujiwara and Teranishi（2008）および Yoshino and Miyamoto（2017）が挙げられる。これらの研究の中で Yoshino and Miyamoto（2017）では人口減少下において財政・金融政策両方のショックに対するインパルスレスポンスを見ているが、モデルにおいて労働者と引退者（retirees）に分け、引退者の比率の増加を高齢化と定義していることが、本稿のモデル設定との違いである。また、生存率を含めた世代重複モデルにおいて、政府支出（生存率を改善する公的健康投資）を通じて、長期の経済成長率への効果を分析した研究としては、Chakraborty（2004）、Tabata（2005）、Mizushima（2009）、Kamiguchi and Hiraga（2018）などが挙げられる。本稿でもう1つ注目する消費については、「政府支出パズル」という政府支出が消費に与える影響が実証分析と基本的な RBC（Real Business Cycle）モデルや DSGE モデルによる理論分析との結果に定性的な違いが存在することが指摘されている。理論モデルにおける「政府支出パズル」の解明を行った研究としては、社会資本の生産力効果を持ったモデルに拡張した Baxter and King（1993）や、流動性制約家計を含めたモデルを提示した Gali, Lopez-Salido and Valles（2007）、消費財ないしは余暇のどちらかが劣等財である場合であることを示した Linnemann（2006）、Bilbiie（2008）などが挙げられる。本稿では、Baxter and King（1993）の研究に対して違う着想で議論している[3]。

本稿の構成は以下のとおりである。第2節ではモデルの概要および均衡条

3）厳密には、本稿では Aschauer（1988）で提示されたようなストックの社会資本ではなく、フローの公共投資の生産力効果を考えているが、波及メカニズムは持続性の違いを除いては共通である。

件と Policy Function の導出を行う。第3節では、政府支出が増加した際の比較静学および比較動学分析を行い、第4節で結論を述べる。

2．モデル

本稿では、老年期まで生存する確率が1ではなく、$p(<1)$ という外生的な値であるときの2期間世代重複モデルを用いて分析する。Blanchard (1985) では、無限期間連続時間モデルにおいて外生的な生存確率を置いた世代重複モデルを提示したが、本稿はその簡易版ともいえる。

一方、Blanchard (1985) の研究と異なる点としては、死亡率と出生率が異なることと、政府支出（ここでは公共投資をイメージしている）が生産に対して外部性を持っていることである。すなわち、本稿で想定する公共投資の効果は、ケインズ経済学など短期モデルで想定するような総（有効）需要を底上げするものではなく、総供給を喚起するような長期のモデルを想定した議論となっている。言い換えると、政府は税金を取ることによって家計に対して負の所得効果を与える一方、生産に寄与する政府支出を想定しているため、同時に正の生産性効果が発生している状況であるといえる。各経済変数に与える影響は、負の所得効果と正の生産性効果のどちらが大きいかで決まってくる。

2.1 家 計

t 期に生まれた家計の（期待）効用関数は以下のとおりである。

$$\ln c_t^y + \beta p \ln c_{t+1}^o \quad ①$$

c_t^y は若年期の消費、c_{t+1}^o は老年期の消費、β は割引因子、p は老年期の生存確率を表す。

若年期および老年期の予算制約式は以下のとおりである。

$$c_t^y + s_t + \tau_t = w_t \quad ②$$

$$c_{t+1}^o = R_{t+1} s_t \quad ③$$

s_t は貯蓄、τ_t は税金（一括固定税）、w_t は（実質）賃金、R_{t+1} は（実質粗）利子率を表す[4]。

②、③式より、通時的な予算制約式は以下のとおりとなる。

$$c_t^y + \frac{c_{t+1}^o}{R_{t+1}} + \tau_t = w_t \qquad ④$$

2.2 企　業

t 期に存在する企業は以下の生産技術を持つ。

$$Y_t = K_t^\alpha N_t^{1-\alpha} g_t^\omega$$

K_t は資本ストック、N_t は t 期に産まれた人口、g_t は t 期の人口1人当たりの政府支出、α は資本分配率、ω は政府支出の生産力効果を表すパラメータである[5]。

企業の利潤関数は以下のように表される。

$$\pi_t = Y_t - R_t K_t - w_t N_t$$

利潤最大化条件より

$$\frac{\partial \pi_t}{\partial K_t} = \alpha \left(\frac{K_t}{N_t}\right)^{\alpha-1} g_t^\omega - R_t = 0 \;\Rightarrow\; R_t = \alpha (k_t)^{\alpha-1} g_t^\omega$$

$$\frac{\partial \pi_t}{\partial N_t} = (1-\alpha) \left(\frac{K_t}{N_t}\right)^{\alpha} g_t^\omega - w_t = 0 \;\Rightarrow\; w_t = (1-\alpha)(k_t)^{\alpha} g_t^\omega$$

$$\text{where}\quad k_t \equiv \frac{K_t}{N_t}$$

2.3 資本市場

ここでは、すべての貯蓄は来期の資本ストックとして使われると仮定する。したがって、以下の式が成立する。

$$K_{t+1} = N_t s_t \qquad ⑤$$

4）本稿のモデルにおいては、個人はいつ死亡するか不確実であるため、老年期を迎えずに死亡した個人の貯蓄については、（暗黙の）危険中立的な保険会社を通じた裁定がなされている。詳しくは、二神（2012）第4章などを参照されたい。

5）本稿では、Barro（1990）タイプのフローの公共投資による生産効果が存在する場合を考えている。一方、Barro（1990）とは異なり、簡単化のため1人当たり政府支出としており、本稿における経済成長率は外生（人口成長率 n）である。

1人当たり変数に直すと、

$$nk_{t+1} = s_t \qquad ⑥$$

2.4 政　府
政府は若年層より一括固定税を徴収して、政府支出を行う。

$$G_t = N_t \tau_t \quad \Leftrightarrow \quad g_t = \tau_t \qquad ⑦$$

なお、以降では定常状態における政府支出対総生産を $\varphi\left(=\dfrac{G}{Y}\right)$ とおく。

2.5 財市場
集計された財市場の均衡条件は以下のとおりである。

$$Y_t = N_t c_t^y + p N_{t-1} c_t^o + N_t s_t + G_t$$

1人当たりに直すと、

$$k_t^\alpha g_t^\omega = c_t^y + \frac{p}{n} c_t^o + s_t + g_t \qquad ⑧$$

n は粗人口成長率を表す。

2.6 均衡条件および Policy Function
家計の効用最大化条件および企業の利潤最大化条件および各市場の均衡条件より、均衡条件は以下のとおりである。

$$\frac{c_{t+1}^o}{c_t^y} = \beta p \alpha k_{t+1}^{\alpha-1} g_{t+1}^\omega \qquad ⑨$$

以上より、最適な消費、貯蓄（資本ストック）の反応関数（Policy Function）は、本稿における状態（先決）変数である t 期の資本ストックおよび政府支出の関数として、以下のように表すことができる。

$$c_t^y = \frac{(1-\alpha) k_t^\alpha g_t^\omega - g_t}{1 + \beta p} \qquad ⑩$$

$$s_t = \frac{(1-\alpha)\beta p(k_t^\alpha g_t^\omega - g_t)}{1+\beta p} = nk_{t+1} \qquad ⑪$$

$$c_t^o = \beta p \alpha k_t^{\alpha-1} g_t^\omega \frac{(1-\alpha)(k_{t-1}^\alpha g_{t-1}^\omega - g_{t-1})}{1+\beta p}{}^{6)} \qquad ⑫$$

2.7 定常状態

次に、定常状態における各変数の値がどのようになるかについて導出する。政府支出対総生産比が φ であるため、

$$g = \varphi k^\alpha g^\omega \Leftrightarrow g = \varphi^{\frac{1}{1-\omega}} k^{\frac{\alpha}{1-\omega}} \qquad ⑬$$

⑪式と⑬式より、

$$k = \frac{(1-\alpha)\beta p k^{\frac{\alpha}{1-\omega}}}{(1+\beta p)n\varphi} \Leftrightarrow k = \left[\frac{(1-\alpha)\beta p}{(1+\beta p)n\varphi}\right]^{\frac{1-\omega}{1-\alpha-\omega}}$$

$$g = \varphi^{\frac{1-2\alpha-\omega(1-\alpha)}{(1-\omega)(1-\alpha-\omega)}}\left[\frac{(1-\alpha)\beta p}{(1+\beta p)n}\right]^{\frac{\alpha}{1-\alpha-\omega}}$$

$$y = \varphi^{\frac{\omega(1-\omega)-\alpha}{(1-\omega)(1-\alpha-\omega)}}\left[\frac{(1-\alpha)\beta p}{(1+\beta p)n}\right]^{\frac{\alpha}{1-\alpha-\omega}}$$

その他の変数については、以下のとおりに求められる。

$$c^y = \frac{(1-\alpha-\varphi)\varphi^{\frac{1-2\alpha-\omega(1-\alpha)}{(1-\omega)(1-\alpha-\omega)}}}{1+\beta p}\left[\frac{(1-\alpha)\beta p}{(1+\beta p)n}\right]^{\frac{\alpha}{1-\alpha-\omega}}$$

$$c^o = \beta p \alpha \frac{(1-\alpha)(1-\varphi)\varphi^{\frac{\omega^2-\alpha-\omega\alpha}{(1-\omega)(1-\alpha-\omega)}}}{1+\beta p}\left[\frac{(1-\alpha)\beta p}{(1+\beta p)n}\right]^{\frac{\omega-1}{1-\alpha-\omega}}$$

3．政策分析

本節では、政府支出の増加が総生産や各世代の消費に与える影響について、定常状態同士の比較を行う比較静学と、瞬時的な効果を見る比較動学の2つに分けて議論する。

6） t 期の老年世代の消費については、$t-1$ 期の状態変数にも依存するが、t 期初においては既知であるため、解を得ることができる。

3.1 比較静学

定常状態における政府支出乗数は、以下のとおりである。

$$\frac{\partial y}{\partial g} = \frac{\frac{\partial y}{\partial \varphi}}{\frac{\partial g}{\partial \varphi}} = \frac{\frac{\omega(1-\omega)-\alpha}{(1-\omega)(1-\alpha-\omega)}\varphi^{\frac{\omega(1-\omega)-\alpha}{(1-\omega)(1-\alpha-\omega)}-1}}{\frac{1-2\alpha-\omega(1-\alpha)}{(1-\omega)(1-\alpha-\omega)}\varphi^{\frac{1-2\alpha-\omega(1-\alpha)}{(1-\omega)(1-\alpha-\omega)}-1}} = \frac{\omega(1-\omega)-\alpha}{1-2\alpha-\omega(1-\alpha)}\varphi^{-1} \quad ⑭$$

したがって、以下の2つの命題が求められる。

命題1 政府支出乗数に関する条件

$\dfrac{\omega(1-\omega)-\alpha}{1-2\alpha-\omega(1-\alpha)} > 0$ のとき、政府支出乗数は正の値をとる。また、$\varphi < \dfrac{\omega(1-\omega)-\alpha}{1-2\alpha-\omega(1-\alpha)}$ のとき、政府支出乗数は1を上回る。

命題2 高齢化要因と政府支出乗数の関係に関する条件

高齢化が進んだとしても、総生産に関する政府支出乗数には直接影響は与えない。

続いては、若年期および老年期の消費に与える乗数について見てみたい。

$$\frac{\partial c^y}{\partial g} = \frac{\frac{\partial c^y}{\partial \varphi}}{\frac{\partial g}{\partial \varphi}} = \frac{\frac{\left[\frac{1-2\alpha-\omega(1-\alpha)}{(1-\omega)(1-\alpha-\omega)}(1-\alpha-\varphi)-\varphi\right]\varphi^{\frac{1-2\alpha-\omega(1-\alpha)}{(1-\omega)(1-\alpha-\omega)}-1}}{1+\beta p}}{\frac{1-2\alpha-\omega(1-\alpha)}{(1-\omega)(1-\alpha-\omega)}\varphi^{\frac{1-2\alpha-\omega(1-\alpha)}{(1-\omega)(1-\alpha-\omega)}-1}}$$

$$= \frac{\frac{1-2\alpha-\omega(1-\alpha)}{(1-\omega)(1-\alpha-\omega)}(1-\alpha-\varphi)-\varphi}{1+\beta p} \quad ⑮$$

$$\frac{\partial c^o}{\partial g} = \frac{\frac{\partial c^o}{\partial \varphi}}{\frac{\partial g}{\partial \varphi}} = \frac{\frac{\left[\frac{\omega^2-\alpha-\omega\alpha}{(1-\omega)(1-\alpha-\omega)}(1-\alpha-\varphi)-\varphi\right]\varphi^{\frac{\omega^2-\alpha-\omega\alpha}{(1-\omega)(1-\alpha-\omega)}-1}}{1+\beta p}}{\frac{1-2\alpha-\omega(1-\alpha)}{(1-\omega)(1-\alpha-\omega)}\varphi^{\frac{1-2\alpha-\omega(1-\alpha)}{(1-\omega)(1-\alpha-\omega)}-1}} \cdot \frac{(1+\beta p)n}{(1-\alpha)\beta p}$$

$$= \frac{[(\omega^2-\alpha-\omega\alpha)(1-\alpha-\varphi)-\varphi(1-\omega)(1-\alpha-\omega)]\varphi^{\frac{(1-\omega)(\alpha-\omega-1)+\omega}{(1-\omega)(1-\alpha-\omega)}}}{1-2\alpha-\omega(1-\alpha)} \cdot \frac{n}{(1-\alpha)\beta p} \quad ⑯$$

⑮、⑯式より、以下の命題が成立する。

命題3 各世代の消費に関する政府支出乗数の条件

$\varphi < \dfrac{1-2\alpha-\omega(1-\alpha)}{(1-\omega)(1-\alpha-\omega)+1-2\alpha-\omega(1-\alpha)}$ のとき、若年期の消費に関する政府支出乗数は正になる。また、$(\omega^2-\alpha-\omega\alpha)(1-\alpha-\varphi)-\varphi(1-\omega)(1-\alpha-\omega) > 0$ かつ $1-2\alpha-\omega(1-\alpha) > 0$ のとき、老年期の消費に関する政府支出乗数は正になる。

命題4 高齢化要因と各世代の消費の政府支出乗数の関係に関する条件

老年期の生存率が上がると（pの増加）、若年期、老年期の消費に関する政府支出乗数の絶対値が小さくなる。一方、出生率が減少すると（nの減少）、老年期のみの消費の乗数の絶対値が小さくなる。

また、総消費 c の政府支出乗数は以下のとおりである。

$$\frac{\partial c}{\partial g} = \frac{\partial c^y}{\partial g} + \frac{p}{n}\frac{\partial c^o}{\partial g}$$

$$= \frac{\frac{1-2\alpha-\omega(1-\alpha)}{(1-\omega)(1-\alpha-\omega)}(1-\alpha-\varphi)-\varphi}{1+\beta p}$$

$$+ \frac{[(\omega^2-\alpha-\omega\alpha)(1-\alpha-\varphi)-\varphi(1-\omega)(1-\alpha-\omega)]\varphi^{\frac{(1-\omega)(\alpha-\omega-1)+\omega}{(1-\omega)(1-\alpha-\omega)}}}{[1-2\alpha-\omega(1-\alpha)](1-\alpha)\beta}$$

総生産に関する政府支出乗数は高齢化の影響は受けないが、消費配分に対して影響を与える直観は以下のとおりである。高齢化が進展するとともに、1人当たり資本ストックが増加することを通じて、定常状態における1人当たり総生産および政府支出が増加する。政府支出が増加することによって、生産効果の限界インパクトが小さくなり、結果的に乗数の大きさが小さくなる。一方、政府支出乗数の符号や決定的な結論（総生産に関する政府支出乗数が1を超えるかどうか）については、高齢化要因は直接的な影響は与えず、政府支出の生産外部性パラメータ ω および政府支出対総生産比 φ の値が決定的であることが分かった。

3.2 比較動学

次に、政府支出が恒常的に増加する場合において、瞬時的な経済への影響について分析する。ここで考える設定としては、t期の資本ストックk_tは$t-1$期末の段階で決定しているが、t期の政府支出はt期初に決定するという状況を考える。なお、以降では定常状態において政府支出ショックが発生した場合の影響について考察する[7]。

総生産に関する政府支出乗数は、

$$\frac{\partial y_t}{\partial g_t} = \omega k^\alpha g^{\omega-1} = \frac{\omega}{\varphi}$$

t期における各経済変数に関する政府支出乗数は

$$\frac{\partial c_t^y}{\partial g_t} = \frac{(1-\alpha)\omega\varphi^{-1}-1}{1+\beta p} \quad \text{⑰}$$

$$\frac{\partial c_t^o}{\partial g_t} = \frac{\beta p \alpha \omega}{\varphi}\left[\frac{(1-\alpha)\beta p}{(1+\beta p)n}\right]^{\frac{2(\omega-1)}{1-\alpha-\omega}} \quad \text{⑱}$$

$$\frac{\partial s_t}{\partial g_t} = \frac{(1-\alpha)\beta p(\omega\varphi^{-1}-1)}{1+\beta p} \left(= n\frac{\partial k_{t+1}}{\partial g_t}\right) \quad \text{⑲}$$

⑰、⑱、⑲式より以下の命題が成立する。

命題5　政府支出乗数に関する条件

$\omega > \varphi$のとき、政府支出乗数は1を上回る。

命題6　各世代の消費および貯蓄に関する条件

$(1-\alpha)\omega > \varphi$のとき、若年世代の消費が増加する。また、$\omega > \varphi$のとき、貯蓄が増加する。$\omega > 0$のとき、老年期の消費が増加する。

最後に、t期の総消費c_tの乗数は以下のとおりである。

---

[7] $t+1$期以降の各変数については、以下の⑲式で得られた資本ストックに関する影響の分が加わることによって、政府支出乗数が変化する。例えば、$t+1$期の総生産の乗数は

$$\frac{\partial y_{t+1}}{\partial g_t} = \omega k^\alpha g^{\omega-1} + \alpha k^{\alpha-1}g^\omega \frac{(1-\alpha)\beta p(\omega\varphi^{-1}-1)}{(1+\beta p)n}$$

となり、t期に比べ、資本ストックが変化した効果（右辺第2項）が追加されている。ここでは、恒常的ショックを考えているので、$\frac{\partial g_{t+1}}{\partial g_t} = 1$である。

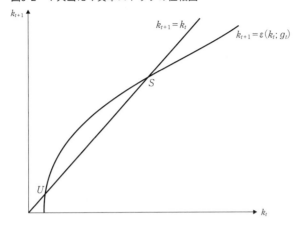

図6-2　1人当たり資本ストックの位相図

$$\frac{\partial c_t}{\partial g_t} = \frac{\partial c_t^y}{\partial g_t} + \frac{p}{n}\frac{\partial c_t^o}{\partial g_t} = \frac{(1-\alpha)\omega\varphi^{-1}-1}{1+\beta p} + \frac{\beta\alpha\omega}{\varphi n}\left[\frac{(1-\alpha)\beta p}{(1+\beta p)n}\right]^{\frac{2(\omega-1)}{1-\alpha-\omega}}$$

よって、総消費が増加するための条件は以下のとおりとなる。

$$\varphi < (1-\alpha)\omega + \frac{(1+\beta p)\beta\alpha\omega}{n}\left[\frac{(1-\alpha)\beta p}{(1+\beta p)n}\right]^{\frac{2(\omega-1)}{1-\alpha-\omega}}$$

　上記命題から得られた結論を整理すると、以下の点が指摘できる。1点目は、政府支出乗数が1を上回ることと、民間投資（貯蓄）がクラウドインすることとが同じである。すなわち、増加した総生産は貯蓄および老年世代の消費の増加につながることである。2点目は、政府支出乗数が1を上回っても若年層の消費は増加するとは限らず、総消費が増加する条件は政府支出乗数が1よりも大きい水準となることである。3点目は、初期時点の老年世代は政府支出増加の負担をしなくてよいので、政府支出の生産性パラメータが正であれば、便益のみを受けることができる結果として消費が増加する。

　この経済において生じていることを、図を用いて説明しているのが図6-2である。図6-2では、⑪式を変形して得られた1人当たり資本ストックの動学方程式 $k_{t+1} = \frac{(1-\alpha)\beta p(k_t^\alpha g_t^\omega - g_t)}{(1+\beta p)n} \equiv \varepsilon(k_t; g_t)$ を用いて、1人当たり資本ス

図6-3 政府支出を Δ だけ増加したときの式のシフト（$\omega > \varphi$ のとき）

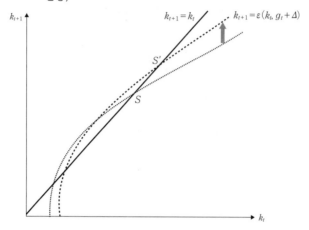

トックの位相図を表す。図6-2より、定常状態は安定的な均衡（点 S）と不安定な均衡（点 U）の2つ存在するが、ここでは点 S を基準として考えていく。

図6-3では、政府支出の生産外部性による正の生産性効果の影響が支配的である場合の資本ストックの動学方程式のシフトを表している。図6-3より、資本ストックは新たな定常状態 S' に向けて単調に増加しながら収束していき、総生産および老年期の消費は増加していき、若年層の消費についても、t 期において減少しても、中長期的には増加していく。

一方、図6-4では、負の所得効果が支配的な場合の資本ストックの動学方程式が下方シフトしている状況を表している。図6-4より、資本ストックは新たな定常状態 S'' に向けて単調に減少しながら収束していき、総生産および各世代の消費は（t 期の老年世代の消費を除いて）減少していく。

3.3 ディスカッション

ここでは、本題とは異なるが、議論を行う必要がある内容について述べたい。

図6-4 政府支出を Δ だけ増加したときの遷移式のシフト（$\omega < \varphi$ のとき）

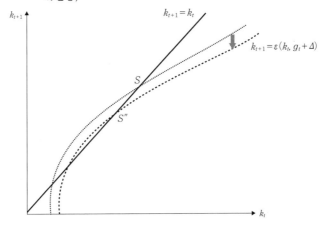

動学的効率性について

　財政政策が経済厚生に与える影響を考慮する上で、定常状態において動学的効率性が成立するかは、現状の資本ストックが過剰であるかどうかを見る上で重要である。動学的効率性が成立する際には、経済成長率（＝人口成長率）が資本収益率よりも小さいときであるため、

$$\alpha\varphi^{\frac{1}{1-\omega}}\left[\frac{(1-\alpha)\beta p}{(1+\beta p)n}\right]^{-1} > n \;\Rightarrow\; \varphi > \left[\frac{(1-\omega)(1-\alpha)\beta p}{\alpha(1+\beta p)}\right]^{1-\omega} \qquad ⑳$$

⑳式より、動学的効率性を満たすかどうかの条件を決定的に決めるのは政府支出の生産性パラメータ ω と政府支出対総生産比 φ であることは政府支出乗数に関する結論と同様である。一方、経済厚生に関する議論を行っている動学的効率性と、政府支出乗数に関する条件についての定性的結論は異なる。動学的効率性が満たされていない状況においては、本源的価値のないバブル資産や国債を導入することで、過剰な資本ストックを減らすことを通じて経済厚生が高まる可能性があることを示している。一方、本稿においては、政府支出乗数が1を上回る状況ではさらに資本ストックが増えるため、政府支出増により、動学的に非効率な状況になることも考えられる。

課税のタイミング

　本稿では、若年期のみの課税を考えているが、老年期のみに課税した場合について議論したい。老年期のみに課税を行った場合、家計の通時的な予算制約式と政府の予算制約式は以下のように書き換えられる。

$$c_t^y + \frac{c_{t+1}^o}{R_{t+1}} + \frac{\tau_{t+1}}{R_{t+1}} = w_t \tag{㉑}$$

$$G_t = pN_{t-1}\tau_t \Leftrightarrow \frac{n}{p}g_t = \tau_t \tag{㉒}$$

　最適化条件を解くことによって、導出される policy function は以下のように書き換えられる。

$$c_t^y = \frac{(1-\alpha)k_t^\alpha g_t^\omega - \frac{n}{p}g_t}{1+\beta p} \tag{㉓}$$

$$s_t = \frac{(1-\alpha)\beta p\left(k_t^\alpha g_t^\omega - \frac{n}{p}g_t\right)}{1+\beta p} = nk_{t+1} \tag{㉔}$$

$$c_t^o = \beta p\alpha k_t^{\alpha-1}g_t^\omega \frac{(1-\alpha)\left(k_{t-1}^\alpha g_{t-1}^\omega - \frac{n}{p}g_{t-1}\right)}{1+\beta p} \tag{㉕}$$

　㉓、㉔、㉕式より、総生産に関する政府支出乗数に対する結論は変わらないが、課税のタイミングが異なることによって影響が異なることが分かる。具体的には乗数を見てみると、t 期における各経済変数に関する政府支出乗数は、以下の㉖、㉗、㉘式のようになる。

$$\frac{\partial c_t^y}{\partial g_t} = \frac{(1-\alpha)\omega\varphi^{-1} - \frac{n}{p}}{1+\beta p} \tag{㉖}$$

$$\frac{\partial c_t^o}{\partial g_t} = \frac{\beta p\alpha\omega}{\varphi}\left[\frac{(1-\alpha)\beta p}{(1+\beta p)n}\right]^{\frac{2(\omega-1)}{1-\alpha-\omega}} \tag{㉗}$$

$$\frac{\partial s_t}{\partial g_t} = \frac{(1-\alpha)\beta p\left(\omega\varphi^{-1} - \dfrac{n}{p}\right)}{1+\beta p}\left(= n\frac{\partial k_{t+1}}{\partial g_t}\right) \qquad (28)$$

3.4 モデルの拡張の方向性について

本稿では、少子高齢化が政府支出に与える影響を解析的に導出することに主眼を置いて書かれているため、より現実的な分析に拡張するために必要な設定について述べたい。

1点目は、多期間世代重複モデルへの拡張である。具体的には Braun, Ikeda and Joines（2009）のような設定に拡張することで、短期的な移行経路についても検証することが可能となる。本稿では若年期と老年期という2期間で考えているため、1期間が30〜40年というタイムスパンをイメージすることから、単純に短期の効果ということと整合的になるとはいえない。

2点目は、労働供給を内生化することである。とくに、高齢化が進展することにより高齢世代の労働供給をモデルの中に含めて分析することは、現実的な分析を行う上では重要である。

3点目は、税制、具体的には消費、所得税制や年金などの社会保障制度である。本稿では簡単化のため、若年期への一括固定税という形で課税を行っているが、政策シミュレーションにつなげるためには、これらの設定を追加する必要がある。

4点目は、政府債務および財政ルールの設定である。日本に限らず、ほぼすべての国において政府債務残高が存在しており、政府債務の存在が財政政策に与える影響を無視できない。また、政府債務残高が存在するモデルにおいて安定的な均衡経路を得るためには、政府債務残高が収束するための財政ルールが必要になるが、どのように設定するかは現実的な設定を考えることと、定性的な結果を考慮することの双方において重要である。

これらの追加設定を行うことで、解析的な解を得ることが困難、ないしは不可能になることが考えられるが、数値計算（カリブレーション）によって今後検証していきたい。

4. おわりに

　本稿では、高齢化が財政政策、とりわけ政府支出拡大の効果の大きさに与える影響について分析した。具体的には、通常政府支出乗数を分析する際に用いられる、DSGE モデルや VAR モデルではなく、老年期まで生存することが確率的に決まる Blanchard (1985) タイプの世代重複モデルを用い、生産力効果を持つ政府支出が総生産や各世代の消費に与える影響を乗数の形で分析した。本稿で得られた結論としては、以下のとおりである。比較静学では、高齢化が進行しても、総生産に関する政府支出乗数は変わらないが、各世代の消費に与える影響は異なることが分かった。一方、高齢化が進展することによって、各世代の消費に関する乗数の絶対値が小さくなることが分かった。具体的には、老年世代の生存率が高まることを通じた高齢化は若年、老年世代の消費の乗数の絶対値を小さくするが、人口成長率の低下を通じた高齢化の場合、老年世代のみの乗数の絶対値が小さくなる。比較動学の結果についても、政府支出乗数の大きさに対して決定的な影響を与えるのは政府支出の生産外部性と政府支出の規模であるが、高齢化が進展することにより、若年期の消費に関する乗数の絶対値は小さくなる一方、貯蓄および老年期の消費に関する乗数の絶対値は大きくなるなど、異時点間の財の配分に与える影響が拡大することが分かった。

　前節で述べた理論モデルの拡張以外の課題としては、財政政策が世代別に与える影響について実証分析を用いて理論モデルの妥当性を検証することである。具体的には、世代別の所得、消費に与える影響について検証することである。実証分析については、今後の課題としたい。

参考文献

井堀利宏・中里透・川出真清 (2002)「90年代の財政運営——評価と課題」フィナンシャルレビュー、第63巻、36-68頁

江口允崇 (2012)「財政政策の効果はなぜ下がったのか？——ニューケインジアンモデル

による検証」KEIO/KYOTO Global COE Discussion Paper Series DP2012-008.
経済企画庁編（1998）『年次経済報告（経済白書）平成10年度版』
二神孝一（2012）『動学マクロ経済学 成長理論の発展』日本評論社
渡辺努・藪友良・伊藤新（2010）「制度情報を用いた財政乗数の計測」井堀利宏編、内閣府経済社会総合研究所企画・監修『財政政策と社会保障（バブル／デフレ期の日本経済と経済政策：第5巻）』慶應義塾大学出版会、143-177頁

Aschauer, D. (1988) "Is Public Expenditure Productive?" *Journal of Monetary Economics*, 23: 177-200.

Barro, R. (1990) "Government Spending in a Simple Model of Endogenous Growth," *Journal of Political Economy*, 98: S103-S126.

Baxter, M. and R. King (1993) "Fiscal Policy in General Equilibrium," *American Economic Review*, 83: 315-334.

Bayoumi, T. (2001) "The Morning After: Explaining the Slowdown in Japanese Growth in 1990s," *Journal of International Economics*, 53: 241-259.

Bilbiie, F. (2009) "NonSeparable Preference, Fiscal Policy Puzzles, and Inferior Goods," *Journal of Money, Credit and Banking*, 41: 443-450.

Blanchard, O. (1985), "Debt, Deficit and Finite Horizons," *Journal of Political Economy*, 93: 223-247.

Braun, R., D. Ikeda and D. Joines (2009) "The Saving Rate in Japan: Why It Has Fallen and Why It Will Remain Low?" *International Economic Review*, 50: 291-321.

Buiter, W. (1988) "Death, Population Growth, Productivity Growth and Debt Neutrality," *Economic Journal*, 98: 279-293.

Chakraborty, S. (2004) "Endogenous Lifetime and Economic Growth," *Journal of Economic Theory*, 116: 119-137.

Fujiwara, I. and Y. Teranishi (2008) "A Dynamic New Keynesian Life-Cycle Model: Societal Aging, Demographics, and Monetary Policy," *Journal of Economic Dynamics and Control*, 32: 2398-2427.

Gali, J., D. López-Salido and J. Vallés (2007) "Understanding the Effects of Government Spending on Consumption," *Journal of the European Economic Association*, 5: 227-270.

Imam, P. (2015) "Shock from Graying: Is the Demographic Shift Weakening Monetary Policy Effectiveness," *International Journal of Finance and Economics*, 20: 138-154.

Kamiguchi, A. and K. Hiraga (2018) "Endogenous Longevity, Public Debt and Endogenous Growth," *Applied Economics Letters*, Forthcoming.

Kuttner, K. and A. Posen (2001) "The Great Recession: Lessons for Macroeconomic Policy from Japan," *Brookings Papers on Economic Activity*, 2001(2): 93-160.

Linnemann, L. (2006) "The Effect of Government Spending on Private Consumption: a Puzzle?" *Journal of Money, Credit and Banking*, 38: 1715-1735.

Miyamoto, W., T. Nguyan and D. Sergeyev (2018) "Government Spending Multipliers under the Zero Lower Bound: Evidence from Japan," *American Economic Journal: Macroeconomics*, 10(3): 247-277.

Mizushima, A. (2009) "Intergenerational Transfers of Time and Public Long-Term Care with an Aging Population," *Journal of Macroeconomics*, 31: 572-581.

Tabata, K. (2005) "Population Aging, the Cost of Health Care for the Elderly and Growth," *Journal of Macroeconomics*, 27: 472-493.

Wong, A. (2018) "Population Aging and the Transmission of Monetary Policy to Consumption," mimeo.

Yoshino, N. and H. Miyamoto (2017) "Declined Effectiveness of Fiscal and Monetary Policies Faced with Aging Population in Japan," *Japan and the World Economy*, 42: 32-44.

第Ⅲ部

実証・制度分析

第7章

地方交付税のリスク・シェアリング機能と自治体の歳出平準化要因

信州大学経法学部　大野 太郎／千葉商科大学政策情報学部　小林 航

1．はじめに

　わが国の地方分権改革では、自治体の財政面における自己決定・自己責任を拡充するため、これまでも所得税から個人住民税への税源移譲（2007年から）をはじめとする地方税の充実確保が進められているが、こうしたなか、地方交付税における地域間リスク・シェアリング機能の重要性が高まりつつある。ここでのリスク・シェアリング機能とは、一時的な地域固有の税収変動に対して歳出を平準化させる目的で、高税収地域から低税収地域へ財政移転を行うものを指す。

　元来、地方交付税は3つの機能を持つ。第1に「国と地方の財源配分機能」、すなわち国と地方が役割分担してお互いの行政活動と財源配分の乖離を埋めるため、国から地方へ資金を移転することである。第2は「財源保障機能」、すなわち地方自治体の行政が滞らないように、その財源が確保できないときは国が代わって財源を保障することである。第3は「財政調整機能」、すなわち自治体間の財政力格差が行政サービスの格差とならないように、国が調整することである。このうち、リスク・シェアリング機能は財源保障機能に関わるものである（土居、2000）。

地方交付税のリスク・シェアリング機能が重要性を高めている背景には、地方税の充実だけが影響しているわけではない。自治体の税収は住民税などの所得課税にも依拠しているため、景気変動の影響を受けやすい。その意味で、地方税の充実は歳入面の変動リスクを高めることになるだろう。他方、経済成長の鈍化や少子高齢化をはじめとする今日の経済・社会環境の変化は自治体の歳出面にも影響を与えており、例えば年々持続して固定的に支出される経常的経費は増加傾向にある。経常的経費が歳出総額に占める割合（都道府県・市町村純計）を見てみると、1990年度には55.4％であったが、2000年度は62.4％、2010年度は69.9％、直近の2016年度は70.9％まで上昇している。こうした容易には削減できない経常的経費の割合が高まっていることは、一時的な税収ショックが発生した場合に、地方交付税を含む他の歳入項目もしくは歳出項目を通じて経常的経費の平準化を図る必要性が高まっていることを意味する。

地域間リスク・シェアリングに関する研究はこれまでにも少なくないが、多くは地域固有の所得ショックがどのような要素（資本市場、信用市場、財政制度など）で吸収され、また消費が平準化されているかについて定量的な考察を行ってきた（Asdrubali, Sørensen and Yosha, 1996; Arreaza, Sørensen and Yosha, 1999; 土居、2000；中久木・藤木、2005；Feld, Schaltegger and Studerus, 2018）。このうち、土居（2000）は財政制度の一部として地方交付税のリスク・シェアリング機能に着目している。そこでは都道府県データ（1955-1996年度）を用い、地域ごとの所得変動に対して、地方交付税を含む財政移転で消費変動がどれくらい緩和されているのかについて考察したところ、地方交付税を含む財政移転が地域間リスク・シェアリングにあまり寄与していないことが示されている。

地方交付税のリスク・シェアリング機能について、土居（2000）では地域における所得変動が消費変動に及ぼす関係性の中で考察しているが、一方で自治体の財政運営の中で果たしているリスク・シェアリング機能にも焦点をあててみることは有意義だろう。これまでにもこうした問題意識がなかったわけではない。例えば、岡部（2011）は都道府県の決算データ（2003-2008年度）を用い、地域ごとの税収変動に対し、地方交付税などを通じて歳出変動がどれくらい緩和されているのかについて考察しており、そこでは地方交付

税が税収変動の約40%を吸収していることや、自治体が他の歳入・歳出項目も使いながら結果として歳出平準化を行っていることが示されている。このように、地方交付税に関する分析者の間では、財政運営上のリスク・シェアリング機能についても注目されている[1]。

本研究では岡部（2011）と同様に、（地域固有の）税収変動に対して、地方交付税および他の項目が歳出（とくに経常的経費）の平準化にどの程度寄与しているのか、について検証する。ここでの狙いは、この地方交付税が財政運営上で果たしているリスク・シェアリング機能について2つの点で掘り下げることである。第一に、この40年間で自治体が直面する経済・社会環境は大きく変化しており、それにともなって財政規模のみならず歳入・歳出構造なども変化している。そこで、より長期的視点で地方交付税のリスク・シェアリング機能や歳出平準化要因について見ていきたい。第二に、仮に自治体が一時的な税収ショックに直面し、また何らかの手段を通じて経常的経費の平準化を図るにしても、税収減少局面と税収増加局面は対称的とは限らず、それぞれで異なる手段をとる可能性がある。そこで、税収減と税収増それぞれの局面における違いについても見ていきたい。主なデータは都道府県の決算統計（1972-2015年度）を用い、分析手法としては Asdrubali, Sørensen and Yosha（1996）で採用された要因分解アプローチを使用する。

以下、本稿の構成を述べる。地方交付税および他の項目が経常的経費の平準化にどの程度寄与しているのか、を考察するため、まず第2節ではそのための要因分解の方法を提示するとともに、使用するデータと推計方法について説明する。それを踏まえて、第3節で要因分解の計測結果を考察する。最後に、第4節で結論を述べる。

2．要因分解と推計方法

2.1 要因分解の方法

本研究では、自治体の税収変動に対して地方交付税および他の項目が経常

---

[1] このほか、自治体（市町村）の財政調整に関する考察として Bessho and Ogawa（2015）や、市町村国民健康保険における保険料の平準化要因に関する考察として林・半間（2012）などがある。

表7-1　都道府県決算における歳入・歳出項目

歳入			歳出	
R	歳入合計		E	歳出合計
R1	地方税		E1	人件費
R2	地方譲与税		E2	物件費
R3	市町村たばこ税都道府県交付金		E3	維持補修費
R4	地方特例交付金等		E4	扶助費
R5	地方交付税		E5	補助費等
R6	交通安全対策特別交付金		E6	普通建設事業費
R7	分担金及び負担金		E7	災害復旧事業費
R8	使用料		E8	失業対策事業費
R9	手数料		E9	公債費
R10	国庫支出金		E9a	地方債元利償還金（元金分）
R10a	普通建設事業費支出金		E9b	地方債元利償還金（利子分）
R10b	その他国庫支出金		E9c	一時借入金利子
R11	国有提供施設等所在市町村助成交付金		E10	積立金
R12	財産収入		E11	投資及び出資金
R13	寄付金		E12	貸付金
R14	繰入金		E13	繰出金
R14a	積立金取り崩し額		E14	前年度繰上充用金
R14b	その他繰入金			
R15	繰越金		収支	
R16	諸収入		K	歳入歳出差引額
R17	地方債			
R18	特別区財政調整納付金			

出所：総務省『都道府県決算状況調』より筆者作成

的経費の平準化にどの程度寄与しているのか、について検証する。ここでは岡部（2011）と同様に、都道府県（普通会計、決算ベース）における歳入項目および歳出項目（性質別歳出）を扱い、また各項目は都道府県人口で除して1人当たりに基準化した値を使用する。表7-1は使用する歳入・歳出項目とその変数名を示している。

　i地域のt年度における歳入・歳出について、個々の歳入・歳出項目を7つの要素に集約するとき、(1)式の恒等式が成り立つ（なお、ここではひとまず地域iと年度tの添え字は明記しない）。

$$T+G+O = C+I+S+A \tag{1}$$

T（税収等), G（地方交付税), O（その他項目) C（経常的経費),
I（投資的経費), S（純貯蓄), A（他会計純繰出)

$$\begin{cases} T = R_1 + R_2 + R_4 \\ G = R_5 \\ O = R_3 + R_6 + R_7 + R_8 + R_9 + R_{10}^b + R_{11} + R_{12} + R_{13} + R_{16} + R_{18} - E_{11} - E_{12} \\ C = E_1 + E_2 + E_3 + E_4 + E_5 + E_9^b + E_9^c \\ I = E_6 + E_7 + E_8 - R_{10}^a \\ S = (E_{10} - R_{14}^a) + (E_9^a - R_{17}) + (K - R_{15} + E_{14}) \\ A = E_{13} - R_{14}^b \end{cases}$$

(1)式の恒等式は（概ね）左辺が歳入側、右辺が歳出側を表している。歳入側は税収等、地方交付税、その他項目の3つから構成される。このうち、税収等 (T) は地方税、地方譲与税、地方特例交付金等を含んでいる。歳出側は経常的経費、投資的経費、純貯蓄、他会計純繰出の4つから構成される。このうち、経常的経費 (C) は人件費、物件費、維持補修費、扶助費、補助費等、（地方債償還の元金分を除く）公債費を含んでいる。また、投資的経費 (I) は（国庫支出金を除く）普通建設事業費、災害復旧事業費、失業対策事業費を含んでいる。純貯蓄 (S) は積立金の純増分 ($E_{10} - R_{14}^a$)、地方債の純減 ($E_9^a - R_{17}$)、翌年度への繰越金の純増分 ($K - R_{15} + E_{14}$) を含んでいる。さらに、他会計純繰出 (A) は他会計への繰出金の純増分 ($E_{13} - R_{14}^b$) を表すものである。

次に、Asdrubali, Sørensen and Yosha（1996）の要因分解アプローチを応用する。まず、(1)式を利用するとき、(2)の恒等式が成立する。

$$T = \frac{T}{T+G} \cdot \frac{T+G}{T+G+O} \cdot \frac{C+I+S+A}{C+I+S} \cdot \frac{C+I+S}{C+I} \cdot \frac{C+I}{C} \cdot C \quad (2)$$

(2)式の右辺は6つの要素の積として構成されている。例えば、第1要素である $T/(T+G)$ は分子と分母が地方交付税 (G) の有無で異なっており、他の要素についても同様である。ここで(2)式について対数をとり、（時点間の）差分をとり、さらに（地域間の）分散をとると、(3)式の関係式を得る。

$$\begin{aligned} Var\,[\Delta \ln T] &= Cov\,[\Delta \ln T, \Delta \ln T - \Delta \ln (T+G)] \\ &\quad + Cov\,[\Delta \ln T, \Delta \ln (T+G) - \Delta \ln (T+G+O)] \\ &\quad + Cov\,[\Delta \ln T, \Delta \ln (C+I+S+A) - \Delta \ln (C+I+S)] \\ &\quad + Cov\,[\Delta \ln T, \Delta \ln (C+I+S) - \Delta \ln (C+I)] \end{aligned}$$

$$+ Cov[\varDelta\ln T, \varDelta\ln(C+I) - \varDelta\ln(C)]$$
$$+ Cov[\varDelta\ln T, \varDelta\ln C] \tag{3}$$

　(3)式の左辺は税収等変化率に関する地域間の分散を示している。また、右辺は6つの項から構成され、すなわち税収等変化率の分散について6つの要素に要因分解されている。ここで両辺を $Var[\varDelta\ln T]$ で除すとき、(4)式の関係式を得る。

$$1 = \beta_G + \beta_O + \beta_A + \beta_S + \beta_I + \beta_C \tag{4}$$

　(4)式右辺の $\beta_x(x=G,O,A,S,I,C)$ はそれぞれ、(3)式右辺各項の共分散と左辺の分散($Var[\varDelta\ln T]$)の比で表される。解釈としては、右辺各項で税収等変化率のちらばりをどれだけ吸収しているかを示しており、換言すれば経常的経費の平準化への寄与を示しているともいえる。ここでは平準化の要素として①地方交付税による調整(β_G)、②その他項目による調整(β_O)、③他会計純繰出による調整(β_A)、④純貯蓄による調整(β_S)、⑤投資的経費による調整(β_I)、⑥経常的経費による調整(β_C)をとらえている。β_xの大きさは地域固有の税収ショックを$\beta_x \times 100\%$吸収したことを意味しており、正の値であれば平準化、負の値であれば非平準化の影響を与えたことを示す。また、β_xは基本的に $0 \leq \beta_x \leq 1$ の値をとることが期待されるが、もしそれが1より大きい値をとった場合には過剰な平準化が起きたことを示す。

　地方交付税のリスク・シェアリング機能を検証するという点では、とくに β_G の大きさに注目する必要がある。なお、地方交付税による調整（①）は制度上で平準化の大きさが決定され、いわゆる地域間のリスク・シェアリングを表している。これに対して、積立金や投資的経費による調整などのように、地方交付税以外の調整（②〜⑤）には自治体による歳出平準化行動、いわゆる異時点間の自主的財政調整といった面もある。また、ここでは経常的経費の平準化が達成できているかについても見ていきたい。β_C は経常的経費の非平準化の度合いを示している。したがって、もし $\beta_C = 0$ の場合には経常的経費以外の要素によって税収ショックはすべて吸収され、経常的経費それ自体は完全に平準化されていることを示す。他方、もし $\beta_C > 0$ の場合には税収ショックの影響を受けており、経常的経費は平準化されていないこ

とを示す。

　このように、自治体の税収変動に対して地方交付税および他の項目が経常的経費の平準化にどの程度寄与しているのか、を検証するには(4)式を計測することで達成できる。ところで、上述の β_x は回帰係数とも一致している。それゆえ、β_x の値を得たいならば、以下のような(5.1)～(5.6)式の回帰式を用いて推定することも可能である。こうした回帰式に基づく推定を用いる利点としては、各係数の有意性を確認できる点が挙げられる。

$$\Delta \ln T_{i,t} - \Delta \ln (T+G)_{i,t} = \alpha_G + \beta_G \cdot \Delta \ln T_{i,t} + u_{G,i,t} \quad (5.1)$$

$$\Delta \ln (T+G)_{i,t} - \Delta \ln (T+G+O)_{i,t} = \alpha_O + \beta_O \cdot \Delta \ln T_{i,t} + u_{O,i,t} \quad (5.2)$$

$$\Delta \ln (C+I+S+A)_{i,t} - \Delta \ln (C+I+S)_{i,t} = \alpha_A + \beta_A \cdot \Delta \ln T_{i,t} + u_{A,i,t} \quad (5.3)$$

$$\Delta \ln (C+I+S)_{i,t} - \Delta \ln (C+I)_{i,t} = \alpha_S + \beta_S \cdot \Delta \ln T_{i,t} + u_{S,i,t} \quad (5.4)$$

$$\Delta \ln (C+I)_{i,t} - \Delta \ln C_{i,t} = \alpha_I + \beta_I \cdot \Delta \ln T_{i,t} + u_{I,i,t} \quad (5.5)$$

$$\Delta \ln C_{i,t} = \alpha_C + \beta_C \cdot \Delta \ln T_{i,t} + u_{C,i,t} \quad (5.6)$$

$\alpha_.$（定数項）, $u_{.,i,t}$（誤差項）

　(5.1)式では地方交付税による調整の寄与、(5.2)式ではその他項目による調整の寄与、(5.3)式では他会計純繰出による調整の寄与、(5.4)式では純貯蓄による調整の寄与、(5.5)式では投資的経費による調整の寄与、(5.6)式では経常的経費の非平準化の度合いが推定される。

　また、地方交付税や他の項目による平準化の寄与を検証するにあたっては、税収減と税収増それぞれの局面における違いについても見ていく必要がある。仮に自治体が一時的な税収ショックに直面し、また何らかの手段を通じて経常的経費の平準化を図るにしても、おそらく税収減少局面と税収増加局面は対称的とは限らず、それぞれで異なる手段をとる可能性がある。これを明らかにするため、(5.1)～(5.6)式を修正したケースについても扱う。例

えば、(5.1)式では説明変数として税収等変化率 ($\Delta \ln T_{i,t}$) のみを使用しているが、ここに税収等変化率に関する交差項を追加して、以下のような(5.1a)式や(5.1b)式の回帰式を用いて推計する。

$$\begin{cases} \Delta \ln T_{i,t} - \Delta \ln (T+G)_{i,t} = \alpha_{Ga} + \beta_{Ga1} \cdot \Delta \ln T_{i,t} + \beta_{Ga2} \cdot \Delta \ln T_{i,t} \cdot Dummy1_{i,t} + u_{Ga,i,t} \\ \quad\quad\quad\quad\quad\quad\quad\quad\quad\quad\quad\quad\quad\quad\quad\quad\quad\quad\quad\quad\quad\quad\quad\quad\quad\quad\quad (5.1a) \\ \Delta \ln T_{i,t} - \Delta \ln (T+G)_{i,t} = \alpha_{Gb} + \beta_{Gb1} \cdot \Delta \ln T_{i,t} + \beta_{Gb2} \cdot \Delta \ln T_{i,t} \cdot Dummy2_{i,t} + u_{Gb,i,t} \\ \quad\quad\quad\quad\quad\quad\quad\quad\quad\quad\quad\quad\quad\quad\quad\quad\quad\quad\quad\quad\quad\quad\quad\quad\quad\quad\quad (5.1b) \end{cases}$$

$Dummy1_{i,t}$(税収増加ダミー), $Dummy2_{i,t}$(税収減少ダミー)

(5.1a)式では税収等変化率と税収増加ダミーの交差項 ($\Delta \ln T_{i,t} \cdot Dummy1_{i,t}$) を追加し、(5.1b)式では税収等変化率と税収減少ダミーの交差項 ($\Delta \ln T_{i,t} \cdot Dummy2_{i,t}$) を追加している。(5.2)～(5.6)式についても同様の修正が可能である。

解釈としては、例えば(5.1a)式のもとで、税収等変化率の係数 (β_{Ga1}) は「税収減少局面における地方交付税の寄与」を示し、交差項の係数 (β_{Ga2}) は「税収増加局面ではその寄与が(税収減少局面と比べて)どれくらい異なるのか」を示している。同様に(5.1b)式のもとで、税収等変化率の係数 (β_{Gb1}) は「税収増加局面における地方交付税の寄与」を示し、交差項の係数 (β_{Gb2}) は「税収減少局面ではその寄与が(税収増加局面と比べて)どれくらい異なるのか」を示している。ここではとくに、(5.1a)式における税収等変化率の係数 (β_{Ga1}) や、(5.1b)式における税収等変化率の係数 (β_{Gb1}) に着目したい[2]。

2.2 データと推計方法

使用するデータとして、まず各都道府県の人口については総務省『住民基本台帳に基づく人口、人口動態及び世帯数調査』における住民基本台帳人口を使用する。また、各都道府県の決算統計については総務省『都道府県決算状況調』を使用する。このうち、歳入内訳の各項目については「第3-2表:

---

2) (5.1a)式を用いるとき、「税収増加局面における地方交付税の寄与」は2つの係数の和 ($\beta_{Ga1} + \beta_{Ga2}$) からとらえることができ、またそれは(5.1b)式における税収等変化率の係数 (β_{Gb1}) と一致する関係にある。同様に、(5.1b)式を用いるとき、「税収減少局面における地方交付税の寄与」は2つの係数の和 ($\beta_{Gb1} + \beta_{Gb2}$) からとらえることができ、またそれは(5.1a)式における税収等変化率の係数 (β_{Ga1}) と一致する関係にある。

歳入内訳（都道府県別内訳）」、歳出内訳の各項目については「第6-2表：性質別歳出内訳（都道府県別内訳）」、積立金取り崩し額については「第1-2表：単年度収支及び実質単年度収支」、地方債元利償還金（元金分・利子分）については「第17-2表：地方債現在高の状況（都道府県別内訳）」の値を使用している（ただし、表番号はいずれも平成27年度分のものである）。個々の歳入・歳出項目は表7-1のとおりであるが、いずれの項目も都道府県人口で除して1人当たりに基準化している。サンプルは47都道府県、期間は1972-2015年度の44年分（ただし、沖縄県は1973年度以降）であり、パネル・データを使用する。

推定方法について、ここでは(5.1)～(5.6)式の同時方程式体系を扱うため、土居（2000）と同様にSUR（見かけ上無相関の回帰）を使用する。なお、各推定では時点ダミーも含めているが、推定結果表ではその推定値の報告を省略する。

推計パターンとしては、全期間および時期ごと（1970年代、1980年代、1990年代、2000年代、2010年代）に分けて推計する。また、2010年代は東日本大震災の影響を除去するため、サンプルから東北3県（岩手県、宮城県、福島県：2011-2012年度）を除いた場合についても推計を行う。

3．推計結果

3.1 歳出平準化への寄与

自治体の税収変動に対して地方交付税および他の項目が経常的経費の平準化にどの程度寄与しているのか、について検証する。表7-2は(5.1)～(5.6)式に基づく推定結果、すなわち(4)式の要因分解の結果を表している。各要素の係数は歳出平準化への寄与を示しており、6要素の係数の合計は1に一致する。全期間でとらえると、まず経常的経費における非平準化の度合いはほぼゼロであり、このことは自治体が税収ショックに直面しても、経常的経費の平準化を達成できていることを示している。こうしたなか、地方交付税による平準化への寄与は56.1％と最も大きく貢献していることが分かる。さらに純貯蓄の寄与は25.0％、投資的経費の寄与は16.2％となっており、主にこれら3つの手段によって経常的経費の平準化を実現している。

個々の手段における寄与の大きさは経年的に変化する可能性もあるため、

表7-2 要因分解

年度	地方交付税	その他項目	他会計	純貯蓄	投資的経費	経常的経費
1972–2015	0.561 ***	−0.015	0.044 *	0.250 ***	0.162 ***	−0.001
	29.67	−0.32	1.70	5.49	6.93	−0.11
2011–2015	1.117 ***	0.843 *	−0.431	−0.610	0.075	0.006
	6.14	1.87	−1.58	−1.40	0.44	0.12
2011–2015 (東北3県除く)	0.628 ***	−0.207	0.205	0.451	−0.117	0.040
	6.46	−0.50	0.73	1.33	−0.77	0.84
2001–2010	0.463 ***	−0.206	0.142 *	0.453 ***	0.150 ***	−0.002
	14.75	−1.31	1.74	3.45	3.30	−0.10
1991–2000	0.550 ***	−0.150 **	0.092 ***	0.468 ***	0.074	−0.035 **
	21.57	−2.45	2.89	5.99	1.63	−2.28
1981–1990	0.561 ***	0.067 *	0.042 **	0.290 ***	0.160 ***	−0.120 ***
	14.99	1.76	2.10	6.28	3.24	−3.69
1972–1980	0.562 ***	0.034	0.015 *	0.087 **	0.227 ***	0.076 **
	17.24	1.06	1.78	2.07	5.39	2.33

注1：上段は係数、下段は t 値を示し、ここでは robust standard error を使用している。
　2：*** は1％、** は5％、* は10％棄却域の下、有意な係数であることを示す。
　3：東北3県とは、岩手・宮城・福島（2011-2012年度）を除いている。

時期ごと（10年ごと）に分けた推定結果も確認する。まず、地方交付税の寄与に着目すると1970年代は56.2％であり、それ以降も同程度（約50％前後）の寄与を果たしている。なお、例外として2010年代（47都道府県）の寄与は111.7％となっており、過剰な平準化を行っていたことになるが、これは東日本大震災時の影響を大きく受けている。こうした影響を除去する1つの対応として、サンプルから東北3県（2011-2012年度）を除くとき、地方交付税の寄与は62.8％へと大きく低下する。また、地方交付税に関する内訳別の寄与についても確認する。表7-3は地方交付税による平準化への寄与を、普通交付税、特別交付税、震災復興特別交付税といった3つの要素に分解した結果を表している。全期間および時期ごと（1970-2000年代）のいずれで見ても、地方交付税の寄与はほぼ普通交付税によるものであることが分かる。また、2010年代において地方交付税の寄与が大きい点（111.7％）は特別交付税によるものであり、普通交付税の寄与については他の年代ともそれほど変わらない。このように、一時的な例外はあるものの、長期的に見ると（少なくとも1970年代から2000年代にかけては）地方交付税による歳出平準化への寄与は

表7-3　地方交付税要因の内訳

年度	地方交付税	地方交付税内訳		
		普通交付税	特別交付税	復興特別交付税
1972－2015	0.561 ***	0.538 ***	0.023 ***	0.000
	29.67	35.620	3.940	0.040
2011－2015	1.117 ***	0.596 ***	0.514 ***	0.007
	6.14	11.09	6.19	0.06
2011－2015 （東北3県除く）	0.628 ***	0.578 ***	0.040 **	0.010
	6.46	9.51	2.08	0.16
2001－2010	0.463 ***	0.462 ***	0.001	
	14.75	14.72	0.22	
1991－2000	0.550 ***	0.546 ***	0.005 **	
	21.57	21.41	2.08	
1981－1990	0.561 ***	0.557 ***	0.004 **	
	14.99	14.80	2.51	
1972－1980	0.562 ***	0.556 ***	0.006 ***	
	17.24	17.02	4.28	

注1：上段は係数、下段は t 値を示し、ここでは robust standard error を使用している。
　2：*** は1％、** は5％、* は10％棄却域の下、有意な係数であることを示す。
　3：東北3県とは、岩手・宮城・福島（2011-2012年度）を除いている。

ほぼ同程度で推移しているように見える。しかし、こうした評価は正確ではなく、後述する表7-4に基づくとき、その内容には修正が必要となる。

このほかに表7-2に基づく経年比較から、純貯蓄については1970年代に8.7％、1980年代に29.0％、1990年代に46.8％、2000年代に45.3％であり、その寄与は上昇傾向にある。また、投資的経費については1970年代に22.7％、1980年代に16.0％、1990年代に7.4％、2000年代に15.0％であり、いずれの時期においても一定の寄与を果たしている。

3.2　税収減少局面と税収増加局面の違い

次に、歳出平準化の要因分解を税収減少局面と税収増加局面に分けて考察する。表7-4は(5.1a)式や(5.1b)式のような修正を加えた場合の推定結果を表している。全期間でとらえると、まず純貯蓄による平準化への寄与は税収減少局面で46.1％、税収増加局面で15.5％となっており、とくに税収減少局面で大きく貢献している。これに対して、地方交付税による平準化への寄与は税収減少局面で39.5％、税収増加局面では63.5％となっており、とくに税

表7-4　要因分解（税収減・税収増別）

年度		地方交付税	その他項目	他会計	純貯蓄	投資的経費	経常的経費
1972–2015	税収減	0.395 ***	−0.122	0.081	0.461 ***	0.173 ***	0.013
		10.83	−1.33	1.61	5.24	3.81	0.50
	税収増	0.635 ***	0.033	0.028	0.155 ***	0.157 ***	−0.008
		27.15	0.56	0.86	2.74	5.39	−0.48
2011–2015	税収減	1.941 ***	0.078	−0.047	−0.021	−0.941 *	−0.013
		3.14	0.05	−0.05	−0.01	−1.65	−0.07
	税収増	0.998 ***	0.954 *	−0.487	−0.696	0.222	0.009
		4.97	1.91	−1.61	−1.44	1.20	0.15
2011–2015 (東北3県除く)	税収減	0.704 **	0.021	−0.332	0.957	−0.316	−0.036
		2.28	0.02	−0.37	0.89	−0.65	−0.24
	税収増	0.615 ***	−0.243	0.291	0.370	−0.085	0.052
		5.71	−0.53	0.94	0.98	−0.50	0.99
2001–2010	税収減	0.552 ***	−0.254	0.085	0.474 ***	0.139 **	0.005
		13.71	−1.25	0.80	2.78	2.35	0.19
	税収増	0.308 ***	−0.122	0.241 *	0.416 *	0.171 **	−0.014
		5.66	−0.44	1.68	1.81	2.14	−0.40
1991–2000	税収減	0.515 ***	−0.081	0.109 **	0.394 ***	0.160 **	−0.098 ***
		11.82	−0.77	1.99	2.95	2.07	−3.75
	税収増	0.578 ***	−0.203 **	0.080 *	0.526 ***	0.007	0.014
		15.43	−2.26	1.69	4.58	0.10	0.61
1981–1990	税収減	0.088	0.011	0.166	0.913 ***	−0.259	0.081
		0.35	0.04	1.24	2.94	−0.78	0.37
	税収増	0.589 ***	0.070 *	0.034	0.253 ***	0.184 ***	−0.131 ***
		14.69	1.72	1.61	5.12	3.48	−3.78
1972–1980	税収減	0.010	0.073	0.023	0.421 ***	0.340 ***	0.134 *
		0.14	1.00	1.21	4.46	3.54	1.82
	税収増	0.714 ***	0.023	0.012	−0.005	0.196 ***	0.059
		20.82	0.63	1.31	−0.11	4.06	1.59

注1：上段は係数、下段は t 値を示し、ここでは robust standard error を使用している。
注2：*** は1％、** は5％、* は10％棄却域の下、有意な係数であることを示す。
注3：東北3県とは、岩手・宮城・福島（2011-2012年度）を除いている。

収増加局面で大きく貢献している。これらのことは、税収減少局面では純貯蓄の寄与が大きいが、税収増加局面では純貯蓄の寄与が低下する結果、地方交付税の寄与が相対的に高まることを示している。また、投資的経費による平準化への寄与は税収減少局面で17.3％、税収増加局面では15.7％となっており、双方の局面で寄与の大きさはそれほど変わらない。

経年比較を行うため、時期ごと（10年ごと）に分けた推定結果も確認する。大きく分けると、「1970-80年代」と「1990-2000年代」という2つの時期で

歳出平準化に関わる構造が異なっており、注目すべき要因は純貯蓄と地方交付税の寄与である。まず、1970-80年代の結果を見ていきたい。純貯蓄の寄与に着目すると、1970年代は税収減で42.1%、税収増でほぼゼロである。また、1980年代は税収減で91.3%、税収増で25.3%である。すなわち、純貯蓄による平準化への寄与が税収減少局面で大きく、税収増加局面で小さい。これに対して、地方交付税の寄与に着目すると、1970年代は税収減で1.0%、税収増で71.4%である。また、1980年代は税収減で8.8%、税収増で58.9%である。すなわち、地方交付税による平準化への寄与は税収減少局面で小さく、税収増加局面で大きい。たとえ税収減と税収増のそれぞれの局面で歳出平準化が行われるにしても、通常、自治体にとって税収減少局面のほうが財政運営上の厳しさは増す。それゆえ、地方交付税のリスク・シェアリング機能や歳出平準化要因を考察するにあたり、とくに税収減少局面でどのように税収ショックに対応してきたのかに注目したい。1970-80年代の特徴は、とくに税収減少局面ほど純貯蓄を通じて経常的経費の平準化を達成してきたといえ、地方交付税による平準化の寄与は相対的に小さいものであった。

次に、1990-2000年代の結果を見ていきたい。純貯蓄の寄与に着目すると、1990年代は税収減で39.4%、税収増で52.6%である。また、2000年代は税収減で47.4%、税収増で41.6%である。これに対して、地方交付税の寄与に着目すると、1990年代は税収減で51.5%、税収増でほぼ57.8%である。また、2000年代は税収減で55.2%、税収増で30.8%である。1970-80年代と比較すると、とくに税収減少局面で地方交付税による平準化への寄与が上昇している。1990-2000年代の特徴は、とくに税収減少局面において純貯蓄の寄与が低下し、その代わりに地方交付税の寄与を高めながら経常的経費の平準化を達成してきたといえる。上述のように表7-2に基づくとき、長期的に見て地方交付税による歳出平準化への寄与はほぼ同程度で推移しているようにも見える。しかし、表7-4の結果も踏まえるとき、とくに税収減少局面では地方交付税による歳出平準化への寄与が上昇しており、むしろ長期的に見て「地方交付税による地域間リスク・シェアリング」は高まっているといえる。

3.3 純貯蓄の内訳別の寄与

　経常的経費の平準化に対しては地方交付税のみならず、純貯蓄の寄与も大

表7-5 純貯蓄要因の内訳

年度		純貯蓄 (再掲)	純貯蓄内訳		
			積立金純増	地方債純減	翌年度繰越金純増
1972–2015	税収減	0.461 ***	0.071	0.374 ***	0.017
		5.24	1.37	5.19	0.71
	税収増	0.155 ***	0.086 **	0.110 **	−0.041 ***
		2.74	2.58	2.38	−2.72
2011–2015	税収減	−0.021	−0.336	0.661	−0.345
		−0.01	−0.27	0.76	−0.92
	税収増	−0.696	−0.843 **	0.309	−0.162
		−1.44	−2.12	1.10	−1.34
2011–2015 (東北3県除く)	税収減	0.957	0.196	0.796	−0.034
		0.89	0.40	0.87	−0.10
	税収増	0.370	0.045	0.344	−0.019
		0.98	0.26	1.07	−0.16
2001–2010	税収減	0.474 ***	0.249 ***	0.253	−0.028
		2.78	4.42	1.53	−0.97
	税収増	0.416 *	0.171 **	0.192	0.053
		1.81	2.25	0.86	1.37
1991–2000	税収減	0.394 ***	−0.074 *	0.418 ***	0.050
		2.95	−1.67	3.32	1.33
	税収増	0.526 ***	0.134 ***	0.320 ***	0.072 **
		4.58	3.50	2.96	2.22
1981–1990	税収減	0.913 ***	0.043	0.820 ***	0.051
		2.94	0.24	3.36	0.43
	税収増	0.253 ***	0.198 ***	0.083 **	−0.028
		5.12	7.05	2.15	−1.50
1972–1980	税収減	0.421 ***	−0.042	0.427 ***	0.036
		4.46	−1.09	5.34	0.70
	税収増	−0.005	0.093 ***	−0.001	−0.097 ***
		−0.11	4.74	−0.02	−3.81

注1：上段は係数、下段は t 値を示し、ここでは robust standard error を使用している。
 2：*** は1％、** は5％、* は10％棄却域の下、有意な係数であることを示す。
 3：東北3県とは、岩手・宮城・福島（2011-2012年度）を除いている。

きいことが確認されたので、純貯蓄における内訳別の寄与についても見ていきたい。表7-5は純貯蓄による平準化への寄与を、積立金純増、地方債純減、翌年度繰越金純増といった3つの要素に分解した結果を表している。全期間でとらえると、税収減と税収増のいずれの局面でも純貯蓄の寄与はほぼ地方債純減によるものであること、これに加えて積立金純増の寄与も一定程度あることが確認できる。この結果を補足するため、さらに積立金純増と地方債

表7-6　積立金純増要因と地方債純減要因の内訳

年度		積立金純増(再掲)	積立金純増内訳		地方債純減(再掲)	地方債純減内訳	
			積立金	積立金取崩し額		公債費元金分	地方債発行額
1972-2015	税収減	0.071	0.048	0.023 **	0.374 ***	−0.034	0.407 ***
		1.37	0.95	2.23	5.19	−1.07	6.45
	税収増	0.086 **	0.067 **	0.019 ***	0.110 **	−0.005	0.115 ***
		2.58	2.07	2.86	2.38	−0.23	2.83
2011-2015	税収減	−0.336	−0.333	−0.003	0.661	−0.034	0.695
		−0.27	−0.28	−0.03	0.76	−0.06	1.23
	税収増	−0.843 **	−0.817 **	−0.026	0.309	0.209	0.100
		−2.12	−2.08	−0.60	1.10	1.09	0.54
2011-2015(東北3県除く)	税収減	0.196	0.220	−0.025	0.796	−0.102	0.898
		0.40	0.47	−0.18	0.87	−0.17	1.55
	税収増	0.045	0.054	−0.009	0.344	0.219	0.125
		0.26	0.33	−0.20	1.07	1.05	0.62
2001-2010	税収減	0.249 ***	0.205 ***	0.044 ***	0.253	−0.084	0.337 **
		4.42	3.95	2.80	1.53	−1.28	2.32
	税収増	0.171 **	0.158 **	0.013	0.192	−0.069	0.261
		2.25	2.24	0.63	0.86	−0.77	1.33
1991-2000	税収減	−0.074 *	−0.093 **	0.019	0.418 ***	0.024	0.395 ***
		−1.67	−2.31	1.13	3.32	0.65	3.09
	税収増	0.134 ***	0.129 ***	0.005	0.320 ***	−0.020	0.340 ***
		3.50	3.73	0.33	2.96	−0.66	3.10
1981-1990	税収減	0.043	−0.151	0.193 **	0.820 ***	0.112	0.708 ***
		0.24	−0.94	2.42	3.36	1.58	3.12
	税収増	0.198 ***	0.153 ***	0.045 ***	0.083 **	0.003	0.080 **
		7.05	5.99	3.57	2.15	0.29	2.22
1972-1980	税収減	−0.042	−0.034	−0.008	0.427 ***	−0.018	0.445 ***
		−1.09	−1.11	−0.40	5.34	−1.16	5.83
	税収増	0.093 ***	0.080 ***	0.012	−0.001	−0.018 **	0.017
		4.74	5.17	1.20	−0.02	−2.37	0.45

注1：上段は係数、下段は t 値を示し、ここでは robust standard error を使用している。
　2：*** は1％、** は5％、* は10％棄却域の下、有意な係数であることを示す。
　3：東北3県とは、岩手・宮城・福島（2011-2012年度）を除いている。

純減における内訳別の寄与についても見ていきたい。表7-6は積立金純増を積立金と積立金取り崩し額に分解し、また地方債純減を公債費元金分と地方債発行額に分解した結果を表している。全期間でとらえると、地方債純減の寄与はほぼ地方債発行によるものであり、地方債償還（公債費元金分）の影響は小さいことが分かる[3]。また、積立金純増の寄与はほぼ積立金によるも

のであるが、積立金取り崩しの影響もある。

　経年比較として、まず1970-80年代の結果を見ていきたい。表7-5の純貯蓄内訳別では、地方債純減の寄与に着目すると、1970年代は税収減で42.7％、税収増でほぼゼロである。また、1980年代は税収減で82.0％、税収増で8.3％である。すなわち、地方債純減による平準化への寄与は税収減少局面で大きく、税収増加局面で小さい。このことは、表7-4で確認された純貯蓄による平準化の寄与が、ほぼ地方債純減によるものであることを示している。また、表7-6で地方債純減の内訳別を見ると、地方債純減による平準化の寄与は地方債発行によるものであり、地方債償還（公債費元金分）の影響は小さい。これらのことから、1970-80年代の特徴としては、とくに税収減少局面で地方債発行を通じて経常的経費の平準化を達成してきたといえる。地方債は自治体の主要財源の1つであるが、従来、自治体の起債は国からの関与を受けてきた。例えば、地方債計画を通じてマクロレベルにおける地方債の起債総額や充当する事業、その資金源を定めている。ミクロレベルにおいても、かつての許可制（2005年度以前）のもとでは起債許可方針を通じて個別自治体の個別事業について起債が決められ、その後も（2006年度からの協議制や2012年度からの届出制においても）同意等基準が設定されている。いずれの制度下においても、これらを満たす起債についてはその元利償還費が将来の地方財政計画に計上され、部分的に交付税措置の対象とされてきた。このことは、地方債計画に基づく公的資金の手当てや地方財政計画に基づく公債費への財源保障などを通じて、自治体は税収減少に直面しても地方債発行による補てんで歳入が支えられてきたことを意味する。すなわち、地方債発行を通じて歳出平準化を達成してきたという計測結果は、地方交付税のみならず、「地方債による地域間リスク・シェアリング」もあったことを示している。

　次に、1990-2000年代の結果を見ていきたい。表7-5の純貯蓄内訳別では、地方債純減の寄与に着目すると、1990年代は税収減で41.8％、税収増で

3）本研究では、地方債発行額の中に臨時財政対策債も含んでいる。ただし、臨時財政対策債を含むかどうかは、地方債による平準化への寄与にほとんど影響を与えない。また、臨時財政対策債の発行額を含めて地方交付税の寄与を推定することにも取り組んだ。この場合も同様に、臨時財政対策債を含むかどうかは、地方交付税による平準化への寄与にほとんど影響を与えない。

32.0%である。また、2000年代は税収減で25.3%、税収増で19.2%である。このことは、表7-4で確認された同時期における純貯蓄の寄与の低下が、ほぼ地方債純減によるものであることが確認できる。また、表7-6で地方債純減の内訳別を見てみると、地方債純減による平準化の寄与は地方債発行によるものであり、地方債償還（公債費元金分）の影響は小さい。これらのことから、1990-2000年代の特徴としては、とくに税収減少局面で地方債発行による歳出平準化への寄与が低下し、その代わりに地方交付税による歳出平準化への寄与が上昇してきたといえる。このほか、表7-6で積立金純増の内訳では、積立金の寄与に着目すると、1990年代は税収増で12.9%である。また、2000年代は税収増で15.8%、税収減で20.5%である。このことから、1990-2000年は積立金を通じて経常的経費の平準化を進めつつあることも確認できる。

4．おわりに

　本研究では地方交付税のリスク・シェアリング機能や歳出平準化要因の実態を明らかにするため、都道府県の決算統計（1972-2015年度）を利用し、自治体における（地域固有の）税収変動に対して、地方交付税および他の項目が経常的経費の平準化にどの程度寄与しているのか、を検証した。その際、仮に自治体が一時的な税収ショックに直面し、また何らかの手段を通じて経常的経費の平準化を図るにしても、おそらく税収減少局面と税収増加局面は対称的とは限らず、それぞれで異なる手段をとる可能性がある。そこで、税収減と税収増それぞれの局面における違いについても考察した。

　ここ40年という長期でとらえても、またいずれの時期においても、自治体は税収ショックに直面するとき、主に地方交付税や地方債発行などによって経常的経費の平準化を達成できていることが確認された。このことは、地方交付税が財政運営上のリスク・シェアリング機能を発揮していることを示している。

　経年的に見れば、1970-80年代はとくに税収減少局面ほど積極的な地方債発行を用いて経常的経費の平準化を達成しており、地方交付税による平準化の寄与は相対的に小さいものであった。従来、自治体の起債は国からの関与

を受けてきたが、このことは地方債計画に基づく公的資金の手当てや地方財政計画に基づく公債費への財源保障などを通じて、自治体は税収減少に直面しても地方債発行による補てんで歳入が支えられてきたことを意味する。すなわち、地方債発行によって経常的経費の平準化が達成されてきたという計測結果は、地方交付税のみならず、「地方債による地域間リスク・シェアリング」も働いていたことを示している。なお、地方債を通じた平準化には2つの側面があるとみなすことができる。その1つは税収ショックに対し、将来の地方税を財源として地方債発行額を変動させる「異時点間の自主的財政調整機能」であり、もう1つは税収ショックに対し、将来の地方交付税を財源として地方債発行額を変動させる「地域間リスク・シェアリング機能」である。本研究で見てきた地方債による平準化はこれら双方を含んでいる。

また、地方交付税と地方債による平準化への寄与を合わせると、いずれの時期においても7割程度の大きな貢献を果たしている。しかし、1990-2000年代はとくに税収減少局面において地方債発行の寄与が低下し、その代わりに地方交付税の寄与が上昇している。すなわち、それぞれが果たす貢献度の大きさは入れ替わりつつあり、近年ほど「地方交付税による地域間リスク・シェアリング」の役割が高まっていることが確認された。なお、地方交付税を通じた平準化にも2つの側面があるとみなすことができる。その1つは税収ショックに対し、（主に当期の基準財政収入額の変動を通じて）当期の地方交付税額が変動する「直接的な地域間リスク・シェアリング機能」であり、もう1つは税収ショックに対し、（当期の地方債発行額と、将来の元利償還に関わる基準財政需要額の変動を通じて）将来の地方交付税額が変動する「間接的な地域間リスク・シェアリング機能」である。本研究で見てきた地方交付税による平準化は前者の直接的な地域間リスク・シェアリング機能のみをとらえたものとなる。それゆえ、後者の間接的な地域間リスク・シェアリング機能までも含む計測については今後の課題としたい。

［謝辞］本研究の一部は京都大学経済研究所共同利用・共同研究拠点平成30年度プロジェクト研究からの助成を受けている。関係者各位に厚くお礼を申し上げる。本稿の作成にあたっては鎌田泰徳氏（財務省）、また法政大学比較経済研究所や京都大学経済研究所における研究会の参加者から貴重なコメントを頂戴した。ここに謝意を

表する。

参考文献

Arreaza, A., B. E. Sørensen and O. Yosha（1999）"Consumption Smoothing through Fiscal Policy in OECD and EU countries," J. M. Poterba and J. von Hagen (eds.) *Fiscal Institutions and Fiscal Performance*, University of Chicago Press.

Asdrubali, P., B. E. Sørensen and O. Yosha（1996）"Channels of Interstate Risk Sharing: United States 1963-1990," *Quarterly Journal of Economics*, 111: 1081-1110.

Bessho, S. and H. Ogawa（2015）"Fiscal Adjustment in Japanese Municipalities," *Journal of Comparative Economics*, 43: 1053-1068.

Feld, L. P., C. A. Schaltegger and J. Studerus（2018）"Regional Risk Sharing and Redistribution: The Role of Fiscal Mechanisms in Switzerland," *cesifo Working Papers*, No.6902.

岡部真也（2011）「地方交付税のリスクシェアリング機能と地方公共団体の歳出平準化行動」『フィナンシャル・レビュー』105、21-31頁

土居丈朗（2000）『地方財政の政治経済学』東洋経済新報社

土居丈朗（2005）「地方交付税をめぐる地域間のリスクシェアリングと地域経済構造」財務省財務総合政策研究所・中国国務院発展研究中心（編）『財務省財務総合政策研究所と中国国務院発展研究中心（DRC）との「地方財政（地方交付税）に関する共同研究」最終報告書』145-181頁

中久木雅之・藤木裕（2005）「非対称性ショックと地域間リスク・シェアリング――わが国の都道府県別データによる検証」『金融研究』24(1): 157-188.

林正義・半間清崇（2012）「市町村国民健康保険における保険料の平準化要因」『フィナンシャル・レビュー』108: 112-125.

第 8 章

アベノミクスは失業を改善させたのか？

西南学院大学経済学部　近藤 春生／神戸大学大学院経済学研究科　宮崎 智視

1．はじめに

　2012年12月に発足した第二次安倍晋三内閣は、発足直後に「大胆な金融政策」、「機動的な財政政策」、「民間投資を喚起する成長戦略」の「三本の矢」からなる経済政策パッケージ、いわゆる「アベノミクス」を打ち出した。
　この政策パッケージは、基本的にはマクロ経済政策を総動員することでデフレの脱却と潜在成長率の上昇を目指す試みであったと考えられる。とりわけ、第一の矢である「大胆な金融政策」と第二の矢である「機動的な財政政策」は、金融政策と財政政策のポリシーミックスによって総需要の喚起を目指すものといえよう[1]。実際、2013年 4 月には、日本銀行は黒田東彦新総裁のもとで「量的・質的金融緩和」を実施することを決定し、「約 2 年で 2 ％」の物価目標を掲げた。わが国で初めて導入された物価目標である。第二の矢である「機動的な財政政策」についても、第二次安倍政権では政権成立直後

---

1 ）「機動的な財政政策」は、いくつかの論者の見解を踏まえるならば、「迅速な財政出動と中長期の財政再建」と定義することが適切と考えられる（竹中、2015や Doi、2018など）。しかしながら本稿では、「第一の矢」との関連で議論するため、とくに断りがない限り「第二の矢」は前段の財政出動のみを指す。

の2013年1月に総額10兆円に上る緊急経済対策を取りまとめたのを皮切りに、2016年度まで毎年度補正予算を組んでおり、拡張的な財政政策を志向していると考えられる。もっとも、実際には物価上昇率は想定を下回り、2014年10月には量的・質的金融緩和の拡大（追加緩和）、2016年1月にはマイナス金利政策（マイナス金利付き量的・質的金融緩和）、さらに2016年9月には長短金利操作付き量的・質的緩和といった、金融緩和策の追加と修正が繰り返し行われてきた。しかしながら、本稿執筆時点においてなお、2％の物価目標は達成できていない。

一方、アベノミクス期のわが国の経済は、円安・株高などを通じて、景気拡大局面に入っている。ゆえに、アベノミクスは一定の効果を上げたとする見解も存在する。とりわけ雇用環境を巡っては、安倍首相自身がアベノミクスの大きな成果であることを事あるごとに強調している。実際、有効求人倍率は全都道府県で1倍を超えており、「高度成長期にも為しえなかったこと」と述べている[2]。さらに完全失業率についても、2018年7月時点で2.5％であり、世界金融危機直後と比較すると半減している。

アベノミクス、とりわけ「第一の矢」および「第二の矢」の経済効果を巡っては、マクロ経済効果の観点から実証的な研究が少しずつ蓄積されてきている。しかしながら、失業に関しては十分に検証が行われているとは言い難いように思われる。さらに、筆者たちが確認する限り、計量経済学的手法を用いた地域経済に対する研究はなされていない。そこで、地域レベルのデータを用いて、アベノミクス期における、一連の経済政策がマクロおよび地域の雇用に与えた影響を分析することが本稿の目的である。

データの観察と実証分析の結果は以下のとおりである。まず、失業率については、アベノミクス実施以前から循環的失業率・構造的失業率ともに低下傾向にあったものの、アベノミクス期以降はその改善傾向が強まっていることが分かった。次に、マクロデータを用いたベクトル自己回帰（Vector Autoregression: VAR）分析の結果、アベノミクスによる金融・財政政策が循環的失業率を改善するとの結果が得られた[3]。地域別に効果を比較した場合、大

2）詳細については、以下のサイトを参照のこと。https://www.kantei.go.jp/jp/98_abe/statement/2018/0101nentou.html
3）本稿の実証分析の結果は、Miyazaki and Kondoh（2018）に基づくものである。

都市圏では循環的失業率を有意に低下させるとの結果が1年程度見られた時期もあるものの、地方圏についてはそうではないことが示された。この結果は、一国全体で見た場合にはアベノミクスによる循環的失業率の低下効果は確認されるものの、地方圏はその恩恵を必ずしも受けていないことを示唆するものである。かつその効果は1年程度までしか持続せず、その大きさは1％程度にとどまっている。この結果は、アベノミクスによる「第一の矢」と「第二の矢」の効果は限定的であり、金融政策と財政政策のポリシーミックスによって失業を改善するとしても、その効果を過大に評価すべきではないことを示唆するものである。

本稿の構成は以下のとおりである。第2節では、本稿の論点を整理したい。第3節では、関連する先行研究を整理しつつ、本稿の特徴について述べる。その上で、第4節では、マクロおよび全国9地域別の完全失業率の推移を整理する。ここで、総務省「労働力調査」からは、都道府県別・四半期別での完全失業率のデータも利用可能である。しかしながら、同調査については、「標本設計を行っておらず（北海道および沖縄県を除く）、標本規模も小さいことなどにより、全国結果に比べ結果精度が十分に確保できないとみられること」（以上、「労働力調査」webページより抜粋）を理由とし、結果の利用には留意すべき旨明記されている。このため、都道府県別データではなく、全国を9ブロックに分けたデータを用いた。第5節では、実証分析の結果を紹介する。第6節は本稿の結論部分である。

2．アベノミクスは失業を減らしたのか？

果たしてアベノミクスは失業を減らしたといえるのだろうか？　第1節でも少し触れたように、政府もこの点をアベノミクスの大きな成果であると喧伝している。例えば内閣府（2017）では、『アベノミクスのこれまでの成果』と称して、アベノミクスが「20年近く続いたデフレ状況を転換」し、「雇用・所得、収益を中心に経済の好循環が拡大」したとしており、有効求人倍率が1.41倍と2016年末の時点で25年4か月ぶりの高水準であること、完全失業率も3.1％と約21年ぶりの低水準であることを紹介している。

アベノミクスの雇用に対する効果を肯定的にとらえる論者は、アベノミク

スにおける金融政策（量的質的金融緩和）による効果が大きかったと指摘する（浜田、2013：伊藤、2018）。当初掲げられた「2年間で2％」の物価目標は実現していないものの、金融緩和の結果、為替レートが減価するとともに、実質金利が低下したため、需給ギャップが縮小し、それによって雇用環境も改善するという理解である。例えば、原田（2014）では、「金融緩和は、為替だけでなく、資産価格の上昇や資金の利用可能性が増すことや将来の物価上昇期待など多くの経路を通じて経済を刺激する」（236頁）と指摘している。

　一方、雇用の改善については、懐疑的な見方も存在する。とくにアベノミクス下で顕在化した労働市場の逼迫化については、実体経済の回復による労働需要の増加というよりも、高齢化にともなう労働供給の減少によるものとする主張も根強い（例えば、早川、2016；翁、2017）。小峰（2017）では、2014年4月以降、景気の上昇テンポが鈍かったにもかかわらず、雇用指標は改善を続けていたことを根拠として、雇用情勢の改善は企業の労働需要が増えたという需要要因ではなく、働き手が減ったという供給要因によるものであると述べている。

　以上の議論を踏まえると、アベノミクス期において失業率をはじめとする雇用指標が改善していることは明白であるにしても、それがアベノミクスの政策効果であるのか否かは、議論の余地があるといえる。そこで、アベノミクスによる需要サイドに対する効果を定量的に評価することは必要であろう。また、金融政策に加え、財政政策についても、機動的な財政出動の効果を指摘する声もある（小峰、2017など）。したがって、金融政策と財政政策を合わせた、ポリシーミックスとしてのアベノミクスが失業率に与える効果を明らかにすることは意義があるといえよう。

　ところで雇用環境を巡っては、しばしば地域差が顕著であると指摘されている。例えば遠藤（2016）は、就業者は首都圏など多くの地域で増加しているものの、円安にもかかわらず輸出数量が増加しなかった結果、製造業に依存する東海地方における就業率の伸び率は全国平均を下回っていることや、関西地方では正規社員が減少していることを指摘している。遠藤（2016）を踏まえるならば、一国全体のデータを観察するだけではなく、雇用・失業の地域差を明確にする必要があると考えられる。

　以上を踏まえ本稿では、完全失業率を対象にデータの観察および実証分析

を試みる。その際、完全失業率を循環的な要因と構造的な要因とに区分する。通常、金融政策・財政政策の効果は循環的な要因に影響すると考えられる。一方、高齢化にともなう労働力人口の減少は、構造的な要因に区分すべきである。アベノミクスの雇用改善への影響を強調する論者は、金融政策・財政政策、すなわち「第一の矢」と「第二の矢」の成果であることにその理由を求めているように思われる。なかんずく金融政策については、例えば中田（黒田）（2001）などで、その労働市場に対する影響についてまとめられているように、基本的には循環的要因を対象とすることが望ましいと考えられる。財政政策については、「機動的な財政政策」、すなわち「迅速な財政出動」の効果を考える上では循環的要因に焦点を当てる一方、政府支出の内容によっては労働市場そのものに影響することも考えられる。ゆえに、第4節以降は、循環的要因と構造的要因とに完全失業率を分けて分析・考察を進める。

3．関連研究と本稿の位置づけ

まず、アベノミクスの効果に関する実証研究との関連について述べたい。筆者が知る限り、金融政策に関する研究はいくつかなされているものの、財政政策にも目配りして検証したものは、ほとんど存在しない。金融政策、なかんずく第一の矢の中核をなす「量的緩和」の効果については、アベノミクス期のデータを含んだ研究として金谷（2015）、宮尾（2016）、立花・井上・本多（2017）などが挙げられる[4]。金谷（2015）では、アベノミクス期の量的緩和ショック（当座預金残高）が物価、生産、株価についていずれも有意な影響を与えていないと結論づけている。一方、宮尾（2016）は、量的緩和ショック（マネタリーベース）は生産、インフレ率、長期金利、為替レートにいずれも有意な影響を与えたとしている。また、立花・井上・本多（2017）は個別銀行のパネル・データを用いて、量的緩和策の銀行貸出に対する影響を

---

[4] そのほかに、アベノミクス期のインフレ目標の効果について VECM を用いた計量分析を行ったものとして、Michelis and Iacoviello（2016）がある。インフレ目標ショックは、インフレ率、長期利子率、為替レート、GDP に一定の影響を与えたものの、2％の物価目標を安定的に達成するにはさらに追加的な措置が必要であるとしている。

分析している。立花・井上・本多（2017）は、アベノミクス期の量的・質的緩和策が銀行貸出に与える影響は、必ずしも頑健ではなかったとしている。

一方、理論的には、中央銀行がゼロ金利政策をとっている状況における財政政策の効果は大きいと考えられる（Christiano et al., 2011; 池尾、2013；中里、2014など）。したがって、アベノミクスの経済効果を分析する上では、金融政策だけでなく、財政政策の影響も併せて分析することがより適切であると考えられる。本稿では、このことを踏まえ、実施期間「そのもの」をダミー変数とすることで、アベノミクスの「第一の矢」と「第二の矢」の双方の影響を扱うこととする。

次に、既存の財政政策の研究では、アベノミクス期間を対象として雇用・失業に対する影響を探ったものは存在しない。日本の裁量的財政政策の効果については、主にバブル崩壊後の経済対策を対象として多くの研究が行われてきた。財政政策が民間需要ないしはGDPに与える効果について、VARモデルによって分析を試みた研究は、2010年以降でも、Miyazaki（2010）、Kato and Miyamoto（2013）、Auerbach and Gorodnichenco（2014）、宮本・加藤（2014）、Matsumae and Hasumi（2016）、Miyazaki（2016）、Miyamoto et al., (2018)、および Miyazaki et al., (2018) などが挙げられる。なかでも財政政策の雇用に対する効果に焦点を当てて理論・実証両面から検証した研究としては Kato and Miyamoto（2013）、宮本・加藤（2014）および Matsumae and Hasumi（2016）が挙げられる。しかしながら、いずれもアベノミクス期間に試みられた政策に焦点を当てたものではない。

最後に、地域レベルでの財政支出の効果を探った研究との関連について述べたい。例えばVARモデルを用いて分析した研究としては、林（2004）、近藤（2011）、亀田（2015）などが挙げられる。このうち、近藤（2011）は、1960-2007年度までの都道府県パネル・データを用いて、政府消費を含む政府支出と地域における民間需要、雇用、生産量との関係を分析している。全期間で見ると、公共投資が生産量や雇用を高める効果は認められるとしている。しかしながら、1990年代以降、財政支出の民間需要、生産量に与える効果は大幅に低下したとの結果を示している。かつ、対象地域を都市圏と非都市圏に分けると、基本的に都市圏における財政支出の経済効果は非都市圏に比べ高いものの、後期では両地域とも財政支出の効果はほとんどなくなって

いるとの結果を提示している。亀田（2015）は、公共投資の雇用・民間投資誘発効果について明らかにすることを目的として、2000年代の都道府県単位の月次パネル・データを用いた実証分析を試みている。同論文は、公共投資額、有効求人数、総労働時間、民間投資を代理する変数として、鉱工業出荷指数（資本財）の4変数からなるVARを推定し、Granger因果性テストとインパルス応答関数の計測を試みている。その結果、2000年代以降も、公共投資の雇用、民間投資に対する誘発効果は存在することを明らかにした。かつその誘発効果は、都市部で大きく、地方部で小さいこと、投資主体別で見ると、中央政府が実施する公共投資は、地方政府が実施するものと比べ、労働時間や民間投資を誘発する効果が高いとの結果を紹介している。しかしながら、以上の先行研究は最も新しいものでも2000年代中頃までに止まっている。本稿はアベノミクス期間も対象とすることで、直近に行われた政策が地域経済に与える影響を考察することで、これらの研究を補完するものでもある。

4．地域別失業率の動向

　VARによる計量分析に入る前に、マクロおよび地域別の失業率の推移について、2000年以降のデータを用いて、アベノミクス期（2012年12月以降）の動向を中心に概観する。地域は、本稿執筆時点でアクセスした際の、総務省「労働力調査」の区分にしたがい、北海道、東北、南関東、北関東・甲信、北陸、東海、近畿、中国・四国、および九州・沖縄の9地域を対象とする。
　失業率は原データではなく、アベノミクスの循環的失業率に対する影響を見るために、Hamilton（2017）フィルタによって、完全失業率を循環要因と構造要因とに区分したものを用いる。時系列データは循環要因と構造要因の双方について説明するが、地域別データについては紙幅の都合もあるため循環要因の結果のみ紹介する[5]。
　データのフィルタリングに際しては、Hodrick-Prescott（1997）フィルタ（以下、HPフィルタと表記）が頻繁に用いられる。HPフィルタではなく

5）割愛した結果の詳細に関しては、筆者まで問い合わされたい。

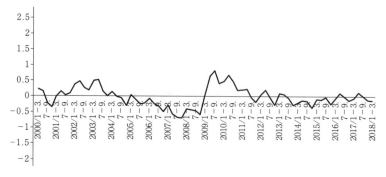

図8-1a 循環的失業率（マクロデータ、単位：％）

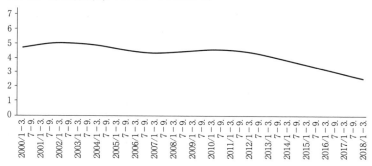

図8-1b 構造的失業率（マクロデータ、単位：％）

Hamilton（2017）フィルタを用いた理由は、同フィルタが季節性に対して頑健であることが理由である。

　まず、マクロの失業率の動向を示したグラフが、図8-1a および図8-1b である。まず図8-1a からは、リーマンショック期の失業率はそれ以外の時期と比較すると1～1.5％ほど高い水準になっていたのに対し、2011年度第4四半期以降は、ほぼマイナス領域に定着していることが確認できる。次に図8-1b に示された構造要因を見ると、2000年代以降のレベルの変化はそこまで顕著ではないものの、4～5％台から直近では3％台を下回るところまで低下していることが確認できる。構造的失業率の低下傾向は、アベノミクス期以降に強まったというよりも、リーマンショック後にすでに始まっていることが見てとれる。したがって、マクロで見ると、構造要因、循環要因とと

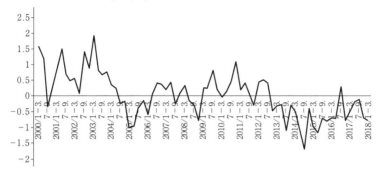

図8-2　循環的失業率【北海道】(単位：%)

図8-3　循環的失業率【東北】(単位：%)

もに失業率の傾向は下がっており、かつその傾向はアベノミクス期以前から始まっていることが分かる。

　次に地域別の失業率の動向について確認する。図8-2は北海道、図8-3は東北、図8-4は南関東、図8-5は北関東・甲信、図8-6は北陸、図8-7は東海、図8-8は近畿、図8-9は中国・四国、および図8-10は九州・沖縄の結果をそれぞれ表している。

　地域にもよるが、リーマンショック以降、ほとんどの地域で循環的失業率がマイナスとなっている。とくにアベノミクス期には、その傾向が強まっていることが分かる。マイナス幅が大きいのは、北海道（最大1.7％程度）、東北（最大1.5％程度）、近畿（最大1.4％程度）、北関東・甲信（最大1.1％程度）となっている。北海道については、アベノミクスの第二の矢「機動的な財政政

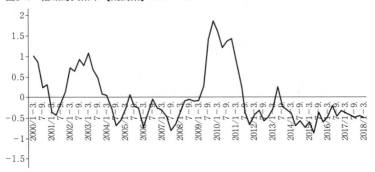

図8-4　循環的失業率【南関東】（単位：％）

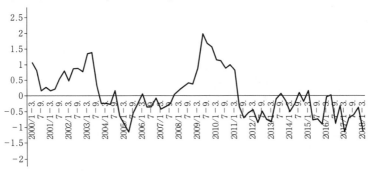

図8-5　循環的失業率【北関東・甲信】（単位：％）

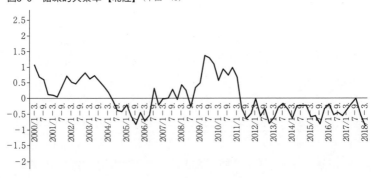

図8-6　循環的失業率【北陸】（単位：％）

図8-7　循環的失業率【東海】（単位：％）

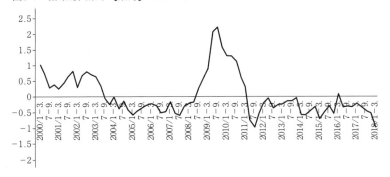

図8-8　循環的失業率【近畿】（単位：％）

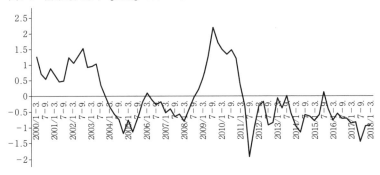

図8-9　循環的失業率【中国・四国】（単位：％）

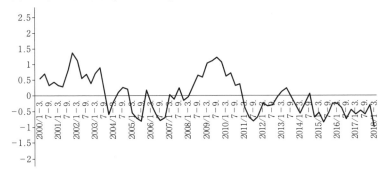

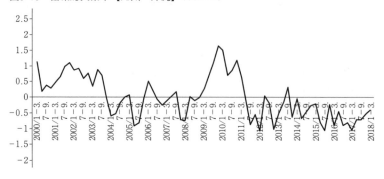

図8-10 循環的失業率【九州・沖縄】(単位：％)

策」による公共投資増加の影響が寄与しているものと考えられる。他地域については、アベノミクス初期における消費マインド改善や訪日外国人によるインバウンド消費などが労働需要を高めた可能性も考えられる。しかしながら、北陸や、2014年以降の東海も安定的に循環要因はマイナスとなっている。北陸については、2015年3月に開業した北陸新幹線の建設工事と開業後の観光需要増が、東海については、アベノミクス期で定着した円安が自動車産業を中心とした製造業にプラスの効果をもたらした可能性を指摘できる。
　いずれの図からも、アベノミクス期以前から失業率は低下傾向にあることが分かる。一見すると、アベノミクスの失業率への効果はやや言い過ぎであるようにも見受けられる。しかしながら、アベノミクス期における失業率は、マクロレベルでは循環要因、構造要因ともに減少幅が大きくなっている。地域によっても、アベノミクス期以前よりも循環的失業率がさらに低下しているところも見られる。もっとも、アベノミクスによる円安効果や財政政策の効果が効いている可能性は否定できないものの、定量的な効果で見ると循環的失業の改善はそれほど大きくないともいえる。

5．VARによる実証分析

5.1 実証分析のフレームワークとデータ

　推定にあたっては、4変数を基本モデルとする。まず、循環的失業率である。これは、完全失業率の対数値を、第4節同様、Hamilton（2017）フィ

タにより循環要因と構造要因に区分し、そのうちの循環要因を用いる。次に、オークンの法則との関係を念頭に置いて、GDP ギャップを用いる。GDP ギャップを計測する際には、潜在 GDP を計測する必要がある。これは、Hamilton（2017）フィルタにより抽出した GDP の構造要因を用いた。また、就業者数を雇用の代理変数として、雇用への影響も考慮する。

最後に、アベノミクス期間における金融・財政政策の効果をとらえる変数を用いる。これは、Blanchard and Perotti（2002）、Miyazaki（2010）および Miyazaki（2016）にしたがい、政策の実施期間を 1、それ以外を 0 とするダミー変数を作成する。すなわち、「政策ダミー」は、アベノミクスの第一弾がアナウンスされた2013年の第 1 四半期から、標本期間の終期である2016年第 4 四半期までを 1、それ以外の期間は 0 という値をとる。この方法をとることで、公的固定資本形成やマネタリーベースといった具体的な変数を用いるよりも、特定の政策の波及性・持続性を検証することが可能となる。

変数のうち、完全失業率と就業者数については総務省「労働力調査」の完全失業率を用いる。GDP は国民経済計算年報のデータである。なお国民経済計算デフレーターは、2011年基準である。いずれも、季節調整済みデータである。

標本期間は、Hamilton（2017）フィルタでデータを抽出した期間に対応するため、始期を1986年の第 1 四半期とし、終期を2016年の第 4 四半期とする。循環的失業率（＝完全失業率の対数値の、循環要因）、就業者の対数値、および GDP ギャップは階差ではなくレベル変数を用いる。これは、Hamilton（1994）などでも示されているように、変数間に共和分関係があろうがなかろうがレベルによる推定量は一致性を満たすためである。ラグの次数は 4 期を最大として Sims（1980）による尤度比検定を行い、マクロ変数およびすべての地域について 4 期のラグが選択された。

マクロデータについては、「政策ダミー、GDP ギャップ、就業者数、および循環的失業率」の 4 変数を用いて VAR 分析を試みる。地域別データに関する実証分析のフレームワークは、Owyang and Zubairy（2013）や Hayo and Uhl（2015）を参考にした、以下のような VAR モデルを用いる。

$$UNE_{it} = \begin{bmatrix} D_t & Y_t & \sum_{-i} EMP_{it} & \sum_{-i} UNE_{it} & EMP_{it} \end{bmatrix}' \tag{1}$$

図8-11 インパルス応答関数の計測結果 (マクロデータ)

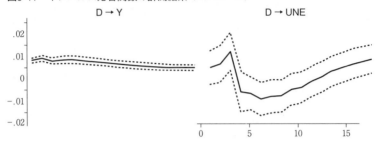

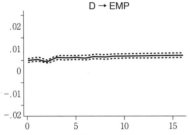

注：図の「D」は政策ダミー、「Y」はGDPギャップ、「UNE」は完全失業率対数値の循環要因、および「EMP」は就業者数の対数値をそれぞれ示す。実線は計測されたインパルス応答関数、点線は1標準誤差バンドである。以下、図8-12〜図8-19も同様である。

ここで、D_tは「政策ダミー」であり、Y_tはマクロのGDPギャップ、EMP_{it}は各地域の就業者数であり、本稿では雇用の代理変数として用いる。UNE_{it}は各地域の循環的失業率である。$\sum_{-i} EMP_{it}$と$\sum_{-i} UNE_{it}$は、各々地域i以外の8地域の就業者数と循環的失業率の合計値である。$\sum_{-i} EMP_{it}$と$\sum_{-i} UNE_{it}$は雇用および失業の地域間相互作用を扱う変数である。

VARのショックの識別は、いずれのケースでもコレスキー分解を用いる。すなわち、アベノミクスによる拡張的政策の実施によりGDPギャップが改善し、それが就業者数を増加させ、結果的に循環的失業率を減少させるという政策の波及経路を扱う。地域別データの場合、マクロのGDPギャップの改善が他地域の雇用および循環的失業率に影響し、それが当該地域に最終的に波及するという経路を想定する。

5.2 推定結果と解釈

まず、マクロデータによる分析結果を、図8-11をもとに述べたい。循環的

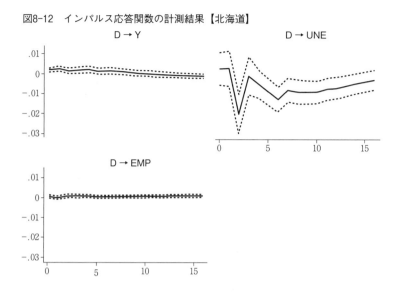

図8-12 インパルス応答関数の計測結果【北海道】

　失業率については、当初上昇するものの、その後第4四半期から第11四半期までは有意に負の効果が観察される。ここで、財政政策のアナウンス直後には、景気が改善することを見越して潜在的な失業者が求職活動を開始し労働市場に再び参加することも考えられる。政策発動の当初見られた正の効果は、循環的失業者の減少よりもこれらの潜在的失業者の労働市場への復帰のほうがより大きいことを反映していると考えられる。就業者・GDPギャップについては、わずかながら改善の効果が見られ、その意味ではアベノミクスは多少なりともGDPギャップを縮小し、かつ雇用を改善する方向に作用したと結論づけることができる。

　次に、地域別での計測結果について、図8-12から図8-19をもとに述べたい[6]。概ね、南関東（図8-13）、東海（図8-16）、および近畿（図8-17）においては、循環的失業率および就業者数ともに改善基調にあることが分かる。とくに、首都圏を含む南関東と近畿に関しては、循環的失業率に対するインパルス応答関数の計測結果が第1四半期後以降1年程度有意に負である。これは他地域よりも失業を低下させる効果が継続的であることを示すものである。

---

6) 東北地方については、東日本大震災直後の雇用関係のデータについて信頼性が疑われるため、実証分析は試みていない。

図8-13　インパルス応答関数の計測結果【南関東】

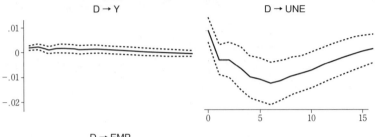

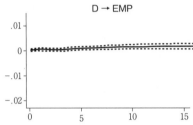

図8-14　インパルス応答関数の計測結果【北関東・甲信】

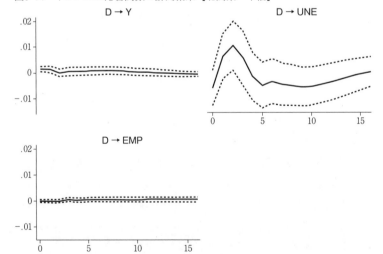

図8-15　インパルス応答関数の計測結果【北陸】

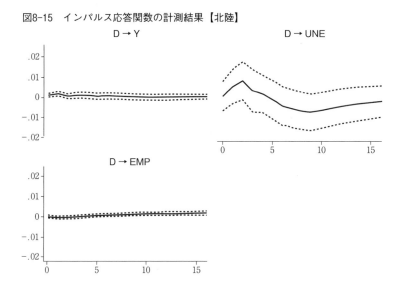

図8-16　インパルス応答関数の計測結果【東海】

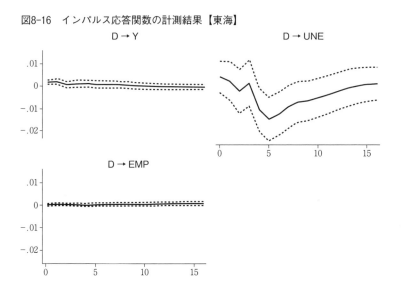

第8章　アベノミクスは失業を改善させたのか？　177

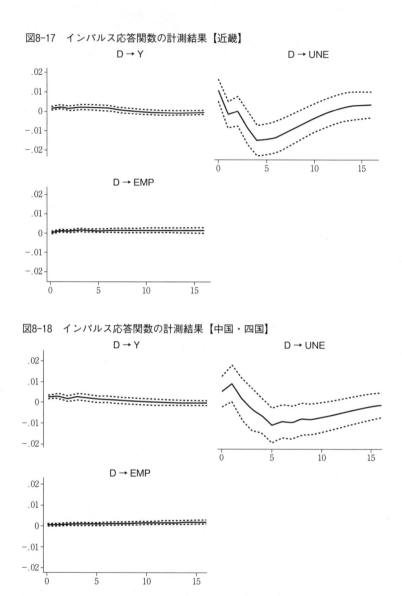

図8-17 インパルス応答関数の計測結果【近畿】

図8-18 インパルス応答関数の計測結果【中国・四国】

ただし、失業率のマイナス効果は最大1％程度である。

　一方、他地域については、北関東・甲信（図8-14）、北陸（図8-15）、および中国・四国（図8-18）では政策発動の当初はマクロデータの結果同様、循環

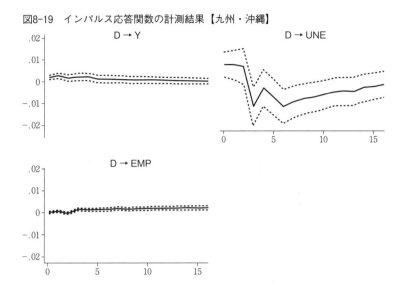

図8-19 インパルス応答関数の計測結果【九州・沖縄】

的失業率を上昇させる効果が見られ、その後低下するもののインパルス応答関数は有意に計測されていない。1つの可能性は、「アベノミクス」の一環で公共投資が増加し地方の景気が改善することを予想し、主として建設業に従事していた潜在的労働者が地方圏では都市圏よりも多いことである。通常、地方圏は都市圏よりも公共投資への依存度が高いと考えられる。このため、都市部では雇用を吸収する産業は十分に存在するものの、地方はその限りではないと考えられる。一旦労働市場を退出したものの、再び働こうという意思のある求職者を十分に雇用できる産業が存在しないことは好ましくない。その意味では、アベノミクスによる「第一の矢」と「第二の矢」の発動と同時に地方活性化策も講じるか、「第二の矢」のパッケージの中に公共投資以外にも地方の民間部門の投資活動を活性化させるような政策を組み込む必要があったともいえよう。

6. まとめ

本稿では、いわゆる「アベノミクス」における「第一の矢」と「第二の矢」を、金融政策と財政政策のポリシーミックスととらえ、その失業に与え

る影響をマクロおよび地域データを用いて検証した。データの観察と実証分析の結果、マクロ全体および都市圏を中心に循環的失業の改善は見られるものの、地方圏は必ずしもそうとは限らないことが分かった。また、たとえ改善の効果が見られるとしても、その効果は軽微であり、かつ政策の刺激効果もラグがあり、せいぜいで1年程度であることが示された。

　そもそも金融政策はマクロの総需要にのみ影響するものであり、長期の経済成長率には影響しないと考えることが適切である。また財政政策についても、ケインズ政策の目的は循環的失業の改善である。その意味では、双方の政策に大きな期待をかけることは必ずしも適切ではない。本稿の結果を踏まえると、確かに金融政策・財政政策のポリシーミックスであるアベノミクスの「第一の矢」と「第二の矢」の組み合わせは有効であったものの、その効果は限定的であり、かつ地域によって差異が見られることが分かる。このため、良好な雇用環境、とりわけ地方の雇用の改善を「第一の矢」と「第二の矢」の貢献であるかのように主張することには、留意すべきことを示唆するものである。

　　［謝辞］　本稿の作成にあたり、近藤は科学研究費助成事業（若手（B）:課題番号17K13758）の支援を得ており、宮崎は科学研究費助成事業（基盤研究（C）:課題番号17K03764）、全国銀行学術研究振興財団、および公益財団法人野村財団より助成を得ている。

参考文献

池尾和人（2013）『連続講義・デフレと経済政策——アベノミクスの経済分析』日経BP社

伊藤隆敏（2018）「現在の成果の源流は第一次政権にあり」『中央公論』2018年5月号（特集「アベノミクスの賞味期限」）

遠藤業鏡（2016）「地方の現実は？『アベノミクスで雇用が改善』」JB Press, 2016. 2. 17. http://jbpress.ismedia.jp/articles/-/46070。

翁邦雄（2017）『金利と経済』ダイヤモンド社

金谷昭典（2015）「日本銀行の量的緩和政策の効果」『平成27年度財政経済理論研修論文集』121-147頁

亀田啓悟（2015）「公共投資の雇用・民間投資誘発効果のパネル VAR 分析」長峯純一編『公共インフラと地域振興』中央経済社、186-201頁

小峰隆夫（2017）『日本経済論講義』日経 BP 社

近藤春生（2011）「公的支出の地域経済への効果」『財政研究』第 7 巻、123-139頁

竹中平蔵（2015）「二つの『バイアス』を排除し、政治が財政健全化の道筋を示せ」https://www.nikkeibp.co.jp/atcl/column/15/314030/052200007/

立花実・井上仁・本多佑三（2017）「量的緩和策の銀行貸出への効果」『経済分析』第193号、161-195頁

内閣府（2017）『アベノミクスのこれまでの成果』平成29年第 1 回経済財政諮問会議（2017年 1 月25日開催）配付資料

中里透（2014）「デフレ脱却と財政健全化」原田泰・齊藤誠編『徹底分析 アベノミクス成果と課題』中央経済社、141-159頁

中田（黒田）祥子（2001）「失業に関する理論的・実証的分析の発展について──わが国金融政策へのインプリケーションを中心に」『金融研究』第20巻第 2 号、69-121頁。

浜田宏一（2013）『アベノミクスと TPP が創る日本』講談社

浜田宏一（2017）「「アベノミクス」を私は考え直した」『文芸春秋』2017年 1 月号

早川英男（2016）『金融政策の「誤解」』慶應義塾大学出版会

林正義（2004）「公共投資の地域経済効果──VAR を用いた地域間相互作用に係わる実証分析」平成16年度財務省総合評価書『「我が国の財政の現状と課題」に関する総合評価』調査研究論文

原田泰（2014）「アベノミクスを振り返る」原田泰・齊藤誠編『徹底分析アベノミクス──評価と課題』中央経済社、229-243頁

宮尾龍蔵（2016）『非伝統的金融政策──政策当事者としての視点』有斐閣

宮本弘暁・加藤竜太（2014）「財政政策が労働市場に与える影響について」『フィナンシャル・レビュー』第120号、45-67頁

Auerbach, Alan. J. and Yuriy Gorodnichenko (2014) "Fiscal Multipliers in Japan," *NBER Working Paper*, No.19911.

Blanchard, Oliver and Roberto Perotti (2002) "An Empirical Characterization of the Dynamic Effects of Changes in Government Spending and Taxes on Output," *Quarterly Journal of Economics*, 117(4): 1329-1368.

Christiano, Lawrence., Martin Eichenbaum and Sergio Rebelo (2011) "When Is the Government Spending Multiplier Large?" *Journal of Political Economy*, 119(1): 78-121.

Doi, Takero. (2018), "Is Abe's Fiscal Policy Ricardian? What Does the Fiscal Theory of Prices Mean for Japan?" *Asian Economic Policy Review*, 13: 46-63.

Hamilton, James D. (1994) *Time Series Analysis*, Princeton University Press, Princeton.

Hamilton, James D. (2017) "Why You Should Never Use the Hodrick-Prescott Filter?" *NBER Working Paper*, No.23429.

Hayo, Bernd and Matthias Uhl. (2015) "Regional Effects of Federal Tax Shocks," *Southern Economic Journal*, 82(2): 343-360.

Hodrick, Robert J. and Edward C. Prescott (1997) "Postwar U.S. Business Cycle: An Empirical Investigation," *Journal of Money, Credit and Banking*, 29(1): 1-16.

Kato, Ryuta R. and Hiroaki Miyamoto (2013) "Fiscal Stimulus and Labor Market Dynamics in Japan," *Journal of the Japanese and International Economies*, 30: 33-58.

Matsumae, Tatsuyoshi and Ryo Hasumi (2016) "Impacts of Government Spending on Unemployment: Evidence from a Medium-scale DSGE Model" *ESRI Discussion Paper Series*, No.329.

Michelis, Andrea De and Matteo Iacoviello (2016) "Raising an Inflation Target: The Japanese Experience with Abenomics," *European Economic Review*, 88: 67-87.

Miyamoto, Wataru, Thuy L. Nguyen and Dmitriy Sergeyev (2018) "Government Spending Multipliers under the Zero Lower Bound: Evidence from Japan," *American Economic Journal: Macroeconomics,* 10(3): 247-277.

Miyazaki, Tomomi. (2010) "The Effects of Fiscal Policy in the 1990s in Japan: A VAR Analysis with Event Studies," *Japan and the World Economy*, 22: 80-87.

Miyazaki, Tomomi (2016) "Fiscal Stimulus Effectiveness in Japan: Evidence from Recent Policies," *Applied Economics*, 48(27): 2506-2515.

Miyazaki, Tomomi and Haruo Kondoh (2018) "Interactions between Monetary and Fiscal Stimulus and Regional Unemployment Evidence from Japan" mimeo.

Miyazaki, Tomomi, Kazuki Hiraga and Masafumi Kozuka (2018), "Stock Market Response to Public Investment under the Zero Lower Bound: Cross-industry Evidence from Japan," *Department of Economics, University of California, Irvine Working Paper*, 17: 18-06.

Owyang, Michael T. and Sarah Zubairy (2013) "Who Benefits from Increased Government Spending? A State-level Analysis," *Regional Science and Urban Economics*, 43(3): 445-464.

Sims, Christopher A. (1980) "Macroeconomics and reality," *Econometrica*, 48(1): 1-48.

索引

A〜Z

DSGE（Dynamic Stochastic General Equilibrium）モデル　122
GDPR（General Data Protection Regulation）　84
GDP ギャップ　173
Hamilton（2017）フィルタ　167
Hodrick-Prescott（1997）フィルタ　167
SUR（見かけ上無相関の回帰）　149
VAR（Vector Autoregression）モデル　122, 162

ア

アベノミクス　161
オルソン推測　63

カ

価格競争ゲーム　22
課税平準化　109
完全失業率　162
機動的な財政政策　161
強ナッシュ均衡　6, 38
強パレート支配　9
強パレート精緻化ナッシュ均衡　11
近視眼的　109, 111, 113
クールノー競争ゲーム　27
グループ・サイズ・パラドクス　63
経常的経費　142, 145
コアリション・プルーフ・ナッシュ均衡　3, 8, 42
公共財　59, 62
公共財の自発的供給ゲーム　27
構造的失業率　162
コースの定理　60
個人データ　83, 84, 94, 102

サ

財源保障機能　141
歳出平準化　143, 149
財政収支　109
財政政策　121, 122
財政調整機能　141
財政ルール　109
搾取　77
慈愛的　111
σ-戦略的代替性　40
σ-相互作用ゲーム　40
σ-単一交差性　40
σ-単調外部性　41
自己拘束性　7
実行可能性条件　111
実行可能な離脱集合　43
支配可解　17
弱パレート支配　29
集計可能ゲーム　23
循環的失業率　162
準優モジュラゲーム　22
少子高齢化　121

183

少数派　61, 77
スイッチングコスト　83, 86, 87, 102
スピルオーバー　61
政策ダミー　173
政府支出乗数　122
政府支出パズル　123
世代重複モデル　122
戦略的委託問題　60, 62
戦略的協力ゲーム理論　4
戦略的代替性　4, 22
戦略的補完性　4, 19

タ

第一の矢　161
大胆な金融政策　161
第二の矢　161
代表者交渉　59
多数派　77
地域間リスク・シェアリング　141, 153, 156
逐次無支配戦略　14
地方交付税　141
地方債　155
地方債計画　156
地方財政計画　156
中位投票者定理　66, 67
積立金　155
提携　5
提携均衡　44
提携コミュニケーション構造　46
データの可搬性　84, 86, 102
動学的効率性　133
投資的経費　145

ナ

内部整合性　9
ナッシュ安定　44
ナッシュ均衡　6
ナッシュ交渉解　65

ハ

反応関数（Policy Function）　126
不可逆的　45
プライマリー・バランス　117
プラットフォーム　81, 86
ペア多数決投票　66
ベクトル自己回帰（Vector Autoregression: VAR）分析　122, 162
変動係数　116
ポリシーミックス　161

マ

マイナス金利政策　162

ヤ

有効求人倍率　162

ラ

離脱制限　38, 43
量的・質的金融緩和　161
臨時財政対策債　156
労働力調査　163

ワ

割引因子　110, 114

執筆者紹介

篠原　隆介（編者）──────────────────（第1章・第2章・第3章）
　　　　　　　　　　　奥付参照

以下、章別順

新井　泰弘 あらい やすひろ ──────────────────（第4章）
高知大学人文社会科学部講師
主著："Intellectual Property Right Protection in the Software Market," *Economics of Innovation and New Technology*, 27: 1-13（2018）.／"Copyright infringement as user innovation,"（with S. Kinukawa）*Journal of Cultural Economics*, 38: 131-144（2014）.／"Civil and Criminal Penalties for Copyright Infringement," *Information Economics & Policy*, 23: 270-280（2011）.

小林　航 こばやし わたる ──────────────────（第5章・第7章）
千葉商科大学政策情報学部教授
主著："Examining Functions of Intergovernmental Fiscal Transfer," Tatsuo Hatta（ed.）, *Economic Challenges Facing Japan's Regional Areas*, Palgrave, 2018.／「公債の課税平準化機能：Lucas-Stokey モデルにおける生産性の変化」（高畑純一郎と共同執筆）『財政研究』13巻、2017年／「地方債協議制度の経済分析」（大野太郎と共同執筆）『フィナンシャル・レビュー』105号、2011年

平賀　一希 ひらが かずき ──────────────────（第6章）
東海大学政治経済学部准教授
主著："Effects of public investment on sectoral private investment: A factor augmented VAR approach,"（with T. Fujii and M. Kozuka）*Journal of the Japanese and International Economies*, 27: 35-47（Mar 2013）.／"Fiscal stabilization rule and overlapping generations," *International Review of Economics and Finance*, 42: 313-324（Mar 2016）.／"Wagner's law, fiscal discipline, and intergovernmental transfer: empirical evidence at the US and German state levels,"（with Y. Funashima）*International Tax and Public Finance*, 24(4): 652-677（Aug 2017）.

大野　太郎 おおの　たろう ──────────────────── (第7章)
信州大学経法学部准教授
主著："Decomposition Approach on Changes in Redistributive Effects of Taxes and Social Insurance Premiums," (with T. Kodama and R. Matsumoto) *Public Policy Review*, 14(4): 777-802 (2018)．／「貯蓄率の低下は高齢化が原因か？」(宇南山卓と共同執筆)『経済研究』68(3): 222-236、2017年／ "An Economic Analysis on the Consultation System of Local Bond," (with W. Kobayashi) *Public Policy Review*, 8(4): 503-536 (2012).

近藤　春生 こんどう　はるお ──────────────────── (第8章)
西南学院大学経済学部教授
主著:「日本の公共投資と公共選択」『公共選択』68号: 27-45、2017年／ "Local Public Investment and Regional Business Cycle Fluctuations in Japan," (with Tomomi Miyazaki) *Economics Bulletin*, 37(1): 402-410 (2017)．／ "Government Transparency and Expenditure in the Rent-Seeking Industry: The Case of Japan for 1998-2004," (with Eiji Yamamura) *Contemporary Economic Policy*, 31(3): 635-647 (2013).

宮崎　智視 みやざき　ともみ ──────────────────── (第8章)
神戸大学大学院経済学研究科准教授
主著:『財政のエッセンス』(西村幸浩と共著) 有斐閣、2015年／ "Fiscal stimulus effectiveness in Japan: evidence from recent policies," *Applied Economics*, 48(27): 2506-2515 (Mar 2016)．／ "Interactions between regional public and private investment: evidence from Japanese prefectures," *The Annals of Regional Science*, 60(1): 195-211 (Jan 2018).

編者紹介

篠原　隆介（しのはら　りゅうすけ）

法政大学経済学部教授
1977年静岡県生まれ
東北大学経済学部卒、一橋大学大学院経済学研究科修了、経済学博士
主著
"Participation and demand levels for a joint project," *Social Choice and Welfare*, 43, 925-952, 2014.
"What factors determine the number of trading partners?" with Noriaki Matsushima, *Journal of Economic Behavior & Organization*, 106, 428-441, 2014.
"Coalition-proofness in a class of games with strategic substitutes," with Federico Quartieri, *International Journal of Game Theory*, 44, 785-813, 2015.
"One-sided provision of a public good through bargaining under representative democracy," *Applied Economics Letters*, 25, 162-166, 2018.

法政大学比較経済研究所　研究シリーズ33

公共経済学と政治的要因──経済政策・制度の評価と設計

2019年3月25日／第1版第1刷発行

編　者　法政大学比較経済研究所／篠原　隆介
発行所　株式会社日本評論社
　　　　〒170-8474　東京都豊島区南大塚3-12-4
　　　　電話　03-3987-8621（販売）
　　　　　　　03-3987-8601（編集）
　　　　https://www.nippyo.co.jp/
印刷所　精文堂印刷株式会社
製本所　株式会社松岳社
装　幀　菊地　幸子

©2019　Institute of Comparative Economic Studies, HOSEI University　検印省略
Printed in Japan
ISBN 978-4-535-55939-4

JCOPY　〈(社)出版者著作権管理機構　委託出版物〉
本書の無断複写は著作権法上での例外を除き禁じられています。複写される場合は、そのつど事前に、(社)出版者著作権管理機構（電話03-5244-5088 FAX03-5244-5089 email: info@jcopy.or.jp）の許諾を得てください。また、本書を代行業者等の第三者に依頼してスキャニング等の行為によりデジタル化することは、個人の家庭内の利用であっても、一切認められておりません。